JN208158

会社員の仕事 見る 知るシリーズ

支える仕事の一日

保育社
HOIKUSHA

はじめに

会社員の「支える仕事」って、どんな仕事？

単なるサポート役ではない！ 会社の経営を支える重要な仕事

会社の目的は、人びとの役に立つ商品を提供して、利益を上げることです。会社が生み出すさまざまな物やサービスによって、私たちの生活はより豊かに便利になっています。

お客さまに商品を売る仕事や、商品そのものをつくる仕事は、「利益を上げる」という会社の目的に直接結びつく仕事です。しかし、売る仕事やつくる仕事だけでは、会社は成り立ちません。会社が利益を上げるためには、どんな事業に力を入れたらよいかを考えたり、人材やお金のやりくりをしたり、自社の事業について世の中に広く知らせたりと、やるべきことがたくさんあります。それが、この本で紹介《しょうかい》する「支える仕事」です。

「支える仕事」というと、わき役やサポート役と思われがちですが、じつは会社の根幹を支える重要な仕事。会社が事業を続け、発展していけるよう、経営の方針や目標の決定にかかわり、その実現をはかる仕事なのです。

ほかの部門をサポートすることで会社の安定的な経営を支えます

「支える仕事」にあたる職種には、経《けい》営《えい》企《き》画《かく》、経理、人事、広報などいくつかの種類がありますが、いずれも会社が事業を行うために必要なヒト・モノ・カネ・情報といった経営資源（12ページ）を管理・活用する仕事であることから、「管理部門」と呼ばれます。会社の規模によって、管理部門として置かれる部署の数や種類、業務内容は異なります。

管理部門は、利益に直結する部門をサポートすることで、会社が効率よく利益を上げられるようにする役目を果たしています。また、社長や役員が経営に関する決定を下すための情報を提供するのも、「支える仕事」の一つです。

会社が安定して事業を継《けい》続《ぞく》していくためには、「支える仕事」が必要不可欠なのです。

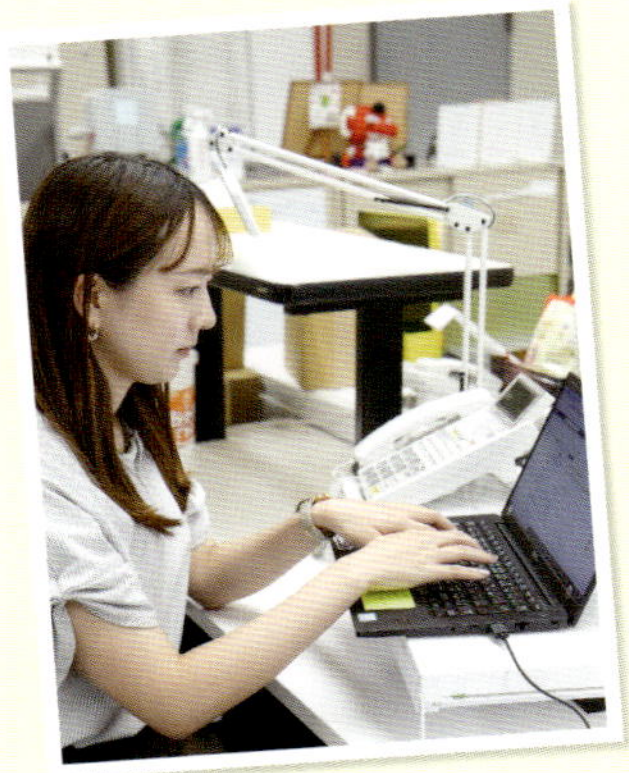

目次

Part 1
「支える仕事」の一日を見て！ 知ろう！

化学メーカーの人事職の一日

インタビュー編 ほかにもある! いろいろな「支える仕事」

Part 2

目指せ！「支える仕事」どうやったらなれるの？

※この本の内容や情報は、制作時点（2024年9月）のものであり、今後変更が生じる可能性があります。

会社って、どんなところ？

会社は、だれにでもつくれる!?

「会社」という言葉を聞くと、たくさんの人が働く場所をイメージする人が多いかもしれません。しかし、働く人の数や働く場所の大きさは関係なく、必要な手続きをして国に認められれば、小さなお店も、大きな工場やオフィスも、すべて「会社」です。

手続きをすれば、
どれも「会社」

会社は、お金をかせぐための集まり

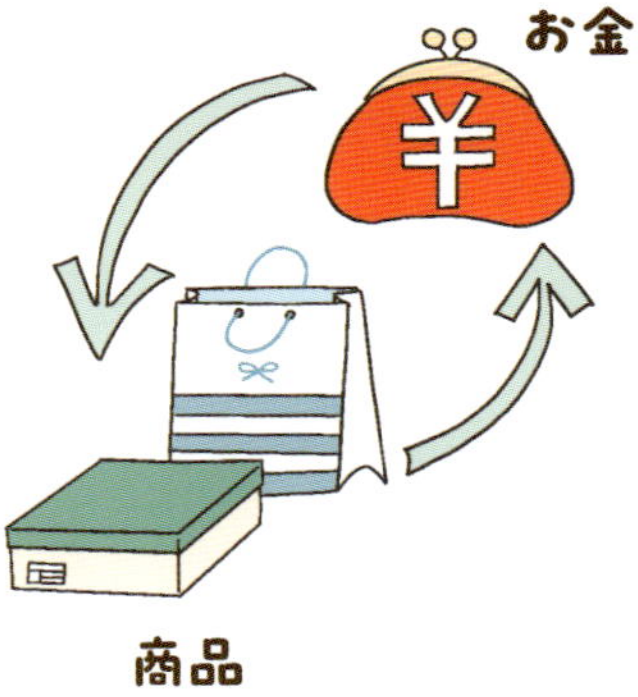
お金
商品

会社は、お金をかせぐことを目的に設立され、経済活動を行う集まりです。経済活動とは、物やサービスを生産し、それらをお金と交換《こうかん》して使うという、人びとの営みのこと。会社は、社会から必要とされる価値のあるさまざまな物やサービスを生み出し、それを売ってお金をかせいでいます。

みんなで力を合わせるから、大きな仕事ができる！

人が集まって会社をつくることで、一人ではできない大きな仕事をやりとげることができます。これが、会社というものが存在するいちばんの意義といえるでしょう。また、仕事をするうえで信用を得やすい、お金のやりくりがスムーズにできるなどのメリットもあります。

会社

会社員って、どんな仕事?

会社に勤め、会社の仕事を分担して行うのが「会社員」

「会社員」というのは、じつは仕事の内容を表す言葉ではありません。会社に勤めて、社員として働いている人を「会社員」といいます。会社員は、出勤する日数や時間などが決められていて、配属先や仕事内容も会社から指示されます。会社を運営するために必要なあらゆる仕事を、分担して行っているのです。

会社の仕事を分担!

どんな仕事をしていても、会社に所属していれば会社員

例えば、取引先に自社の商品を売りこむ営業の人も、会社のお金を管理する経理の人も、仕事の内容はちがいますが、会社員です。

さらに、飲食店で接客をする人や、工場でものづくりにたずさわる人も、そのお店や工場を経営する会社の社員として働いていれば、みんな会社員ということになります。

会社に勤めていれば、みんな「会社員」

チェック!!

フリーランスで働く人や、公務員として働く人も

会社に所属せず、個人で仕事をしている人もいます。例えば、カメラマンやイラストレーター、個人でお店を経営している人などです。また、公務員は、会社ではなく、役所、警察、消防といった国や地方自治体の機関に勤め、社会のために必要な業務にあたります。

会社にはどんな仕事があるの？

あつかう物やサービスによってさまざまな会社がありますが、会社を運営するための仕組みとして、多くの会社に共通する仕事を、役割別に紹介《しょうかい》します。

商品を売る仕事

自社の物やサービスを
お客さまに売って、
会社の利益に貢献《こうけん》します。

営業

個人のお客さまや取引先の会社などに商品を売りこみ、購入《こうにゅう》や契約《けいやく》につなげる仕事。お客さまのニーズに応じた物やサービスを提案します。

販売《はんばい》

商品を求めて来店した個人のお客さまに対して、接客や販売《はんばい》をする仕事。

営業企画《えいぎょうきかく》

営業や販売《はんばい》を担当する人たちが商品をたくさん売れるように、売り方を考える仕事。

商品をつくる仕事

新しい商品を生み出したり、
すでにある商品を改良したりします。

商品企画《しょうひんきかく》

世の中でどんなものが求められているかを分析《ぶんせき》し（市場《しじょう》調査）、売れる商品を考えて形にしていく仕事。

開発・研究

新たな素材や技術を開発したり、新商品に求められる機能を実現したりする仕事。技術的な面から商品開発を支えます。

会社を支える仕事

会社の方針や目標を定めたり、
経営に必要な業務を担当したりして、
会社の経営を支えます。

経《けい》営《えい》企《き》画《かく》

会社全体の経営計画を立て、実行する仕事。各部門や関係者と連携《れんけい》し、業務の調整も行います。

人事

採用、配置、評価、社員教育など、社内の人材を管理し、活用する仕事。

経理

会社のお金の流れや取引について、記録したり管理したりする仕事。

広報

メディア対応や社内報の作成など、会社の内外に向けて、自社の情報を発信する仕事。

このほかに、会社が交《か》わす契約《けいやく》や法律についてチェックする仕事、社内のIT《アイティー》環境《かんきょう》を整える仕事などもあります。

チェック!!

部署の名前や仕事内容は会社によってちがいます

小さな会社では、部署が分かれていないこともあります。また、同じ「総務部」という名前の部署でも、会社がちがえば、担当する仕事の内容がちがうこともあります。

また、ある程度大きな会社では、「〇〇部」の下に「〇〇課」という部署があって、業務が細かく分かれています。

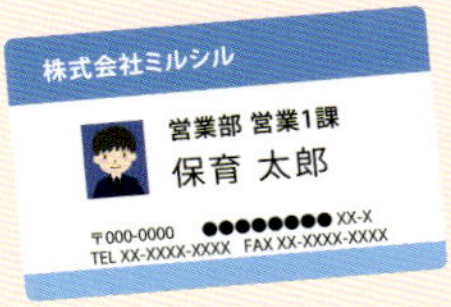

名刺《めいし》には部署名が書いてあります。

生産技術・生産管理

商品を工場で生産するにあたって、品質のよいものを効率的につくれるように技術的なくふうをしたり、生産ラインの整備や管理をしたりする仕事。

このほかに、デザインや設計を考える仕事、品質を管理する仕事、材料を調達する仕事などもあります。

会社を支える管理部門がコントロール！

会社の「経営資源」

経営資源とは、会社が事業を行ううえで必要となる要素のこと。
なかでも、ヒト・モノ・カネ・情報は、4大経営資源といわれています。
「支える仕事」とは、会社にとって重要な経営資源を管理する仕事ともいえるのです。

ヒト

商品をつくるにも売るにも人材が必要不可欠！

「ヒト」とは、会社で働く人材を指します。ヒトが動かなければモノをあつかうことはできないため、特に重要な経営資源です。人事の仕事では、ヒトという経営資源を最大限に活用するため、社員の最適な配置や教育、労働環境《かんきょう》の整備などを行います。

モノ

事業を行うための建物や設備、生産した商品など形のある財産

「モノ」は、形のある財産のことです。具体的には、会社のオフィスや工場、商品の生産に必要な機械や設備、そして、そこでつくった商品などを指します。経理の仕事には、商品の生産や財産の管理について検討することもふくまれます。

カネ

「会社の血液」とも呼ばれ、経営に欠かせない資源

「カネ」は「会社の血液」と呼ばれるほど重要なもの。事業を行うには、材料の仕入れ、設備の維持《いじ》・管理、社員への給料など、さまざまなお金がかかるため、経営資金の調達や管理が大切です。経理は、カネという経営資源の管理をになっています。

情報

有効に活用することで事業を発展させることが可能！

「情報」とは、事業に役立つ情報やデータを指します。形のない財産ですが、デジタル技術の発展によってますます重要になっています。広報は会社についての情報を発信することで、情報システムは情報の活用をうながすことで、会社を支えています。

Part 1

「支える仕事」の一日を見て！ 知ろう！

総合商社の経《けい》営《えい》企《き》画《かく》職《しょく》、
鉄道会社の広報職、
エネルギー会社の経理職、
化学メーカーの人事職、
それぞれの一日に密着！

ONE DAY

総合商社の 経営企画職《けいえいきかくしょく》の一日

取材に協力してくれた会社員

山田 圭介《やまだ けいすけ》さん（30歳《さい》）

三菱《みつびし》商事株式会社
経営企画部《けいえいきかくぶ》　インテリジェンス室

どうしてこの仕事に就《つ》いたのですか？

学生時代から、物事を深く調べたり、分析《ぶんせき》したりすることが好きでした。大学院への進学も検討しましたが、一度は社会に出て働こうと決め、総合商社の調査部門で働きたいと考えました。高校・大学のときに留学経験があり、国際的な仕事をしてみたいと思ったのも、商社を選んだ理由の一つです。

この仕事のおもしろいところは？

総合商社は従来行ってきた貿易に始まり、最近では会社や事業への投資、事業経営なども行っています。私の役割はおもにビジネスに必要な情報の収集・分析《ぶんせき》です。世界各国の支店から毎日情報が入ってきて新しい知識を得られること、自分が収集・分析《ぶんせき》した情報によって、会社の方針や戦略に影響《えいきょう》を与《あた》えられることに、やりがいを感じます。

ある一日のスケジュール

8:30　出社、メールチェック
▼
10:00　専門家へのヒアリング
▼
12:00　昼休み
▼
13:00　部署内のミーティング
▼
15:00　会議
▼
17:00　資料の作成
▼
19:00　終業

8:30

出社、メールチェック

だれからどんなメールが来るの？

おはようございます！

注目すべきニュースはあるかな…？

一日を有効に使えるように、朝は早めに出社。世界中の支社から送られてくるメールに加え、新聞やニュースサイトにも目を通します。

エネルギー事業にはどんな影響《えいきょう》が出そうですか？

この会社には８つの営業グループがあり、経営企《けいえいき》画部《かくぶ》には各事業にくわしいメンバーがいます。

世界中で起こる出来事について、さまざまな情報が届きます

出社したら、まず、海外の支店や、情報収集を依頼《いらい》している会社から届いている報告に目を通します。会社を離《はな》れている夜の間に、世界でどんな出来事が起きていたのかを把握《はあく》するためです。「国際会議でこんな発言があった」「〇〇国で予定外の選挙が行われることになった」といったさまざまな情報が入ってくるので、自社のビジネスと関係する出来事があれば、どのような影響《えいきょう》がありそうか、分析《ぶんせき》して報告する必要があります。

情報を分析《ぶんせき》するにあたっては、関係する事業にくわしい経営企画部《けいえいきかくぶ》のメンバーとディスカッションをすることもあります。例えば、「中東でタンカーの事故があった」というニュースがあれば、エネルギー業界にくわしいメンバーに石油の価格や輸入ルートへの影《えい》響《きょう》などについて意見を聞いて、自社のビジネスへの影響《えいきょう》を分析《ぶんせき》します。

専門家へのヒアリング

なんの専門家に、どんなことを聞くの？

今回の選挙結果を受けて、政策が大きく変わりそうな分野はありますか？
移民政策に関しては…

特定の地域の政治や経済の動向について、政府や大学の専門家から話を聞いたり、エネルギー業界や自動車業界など、各業界のスペシャリストに意見を求めたりすることもあります。

政治や経済、ビジネスについて、専門家ならではの意見を収集

情報の収集・分析《ぶんせき》を行う際の参考にするために、世界の政治や経済、ビジネスについて、大学や研究機関などに所属する専門家に直接、話を聞くこともあります。その道のスペシャリストだからこそわかる今後の見通しや新しい視点を教えてもらい、会社のビジネスに生かすのです。3か月に1度、各国のGDP《ジーディーピー》（国内総生産※）が発表されるので、そのタイミングで話を聞くことも多いです。各国のGDP《ジーディーピー》の変化などから、どんなことが読みとれるのか意見を聞きます。

限られた時間で有意義なヒアリングを行うには、事前の準備が大切です。何についてどんなことを聞きたいか、具体的な質問を考えたうえで、自分の意見もまとめておきます。総合商社ならではの経験や知識をもとに意見を伝えることで、こちらからも役に立つ情報を提供できるよう心がけています。

※GDP《ジーディーピー》：一定期間内に国内で生み出された「もうけ」の総額で、国の経済活動の状況《じょうきょう》を示す指標。

COLUMN

経営企画《けいえいきかく》は社長を補佐する仕事

会社の方針や戦略を考え、決定するのが社長の仕事。そのための情報を提供したり、「中期経営戦略」をまとめたりします。

経営企画部《けいえいきかくぶ》は、ほかの部門とは独立した社長直属の部署として設けられていることが多く、会社のトップである社長の仕事を補佐する役割をになっています。

社長のおもな仕事は、会社の方針や戦略を決定することです。例えば、「会社を成長させるために、新たにどんな事業を始めればよいか」「どの国の事業に、どのくらい資金を投入すべきか」といったことを考え、決めていきます。

経営企画職《けいえいきかくしょく》は、社長が会社の今後の方針・戦略を考えるための情報を提供したり、環境《かんきょう》を整えたりします。山田《やまだ》さんが担当するのはビジネスにかかわる情報分析《ぶんせき》ですが、この仕事で大切なのは、社長と認識《にんしき》を共有して、会社の今後にとって必要なことを考え、情報を取捨選択《せんたく》することです。そのほかに、新しいビジネスのアイデアやヒントとなる資料を提出したり、社長と経営にかかわる役員、それぞれの分野の担当者などが話し合う会議の場を設けたりもします。

会社の方針や戦略は、例えば３年に１度のタイミングで、「中期経営戦略」としてまとめられます。この経営戦略の作成も、経営企画部《けいえいきかくぶ》の仕事です。そのうえで、定めた目標通りに事業や業務が進行できるよう、会社全体を管理しています。

商社の場合、さまざまな部門から経営《けいえい》企画部《きかくぶ》に異動し、３〜４年経験を積んだあとに、もとの部門にもどるパターンが多いです。一度、経営企画職《けいえいきかくしょく》を経験することで、会社の全体像や会社を経営する側の視点が理解できるようになり、ビジネスパーソンとしての成長につながって、今後の仕事に役立つからです。経営企画《けいえいきかく》職《しょく》として海外事業を担当する場合など、海外で勤務する可能性もあります。

社長

会社の今後の
方針や戦略を決定する

経営企画部《けいえいきかくぶ》

- 会社の方針や戦略を「中期経営戦略」としてまとめる
- 経営戦略がきちんと実行されているかを管理する
- 会社のビジネスに関係のある情報を世界中から集めて報告する
- 新しいビジネスのヒントとなる情報を提供する

など

13:00 部署内のミーティング

会議や
ミーティングは
たくさんある？

次回の経営会議では
このトピックを
話し合いましょう！

15:00 会議

会議で話し合った内容は、最終的に経営や事業の計画・戦略に組みこんでいきます。

経営に関するさまざまな会議を計画・準備するのも仕事の一つ

この会社の経営企画部《けいえいきかくぶ》には、情報収集を担当するインテリジェンス室のほか、経営計画や戦略の企画《きかく》を担当する「経営企画室《けいえいきかくしつ》」、おもに新しい事業のアイデアを考える「事業構想室」があります。週1回、経営企画部《けいえいきかくぶ》全体でのミーティングがあり、3つのチームがそれぞれの仕事の状況《じょうきょう》を伝え合って、情報を共有しています。例えば、「AI《エーアイ》（人工知能）がビジネスに与《あた》える影響《えいきょう》」など、今後の経営計画・戦略にかかわるテーマについて話し合うこともあります。

また、経営企画部《けいえいきかくぶ》は、経営戦略や各事業の計画など、経営に関するテーマについて話し合うさまざまな経営会議の運営も担当しています。会議を開く時期や回数、議題、参加メンバーなどを決めたり、資料の準備をしたりします。必要に応じて、今までにない新しい会議を立ち上げることもあります。

17:00 資料の作成

なんのための資料をつくっているの？

どうすれば
もっとわかりやすく
なるかな？

資料の作成は重要な仕事。この資料が、会社や主要事業の今後の方向性を決める話し合いや意思決定のベースとなります。

19:00 終業

おつかれさまでした！

報告資料や会議の資料は、価値ある情報を読みやすく！

収集・分析《ぶんせき》した情報は、社長や役員への報告のための資料にまとめます。インターネット検索《けんさく》で簡単に得られるような情報なら、わざわざ資料にする価値はありません。世界中でビジネスを展開する会社だからこそわかるリアルな情報もキャッチして、資料にまとめます。必要があれば、海外スタッフと話をして情報をさぐることもあります。

資料は、読みやすさ、伝わりやすさを意識して作成。いそがしい社長や上司たちに、短い時間でさっと読んで理解してもらえるように、見出しの言葉をくふうしたり、図や写真を入れたりしています。また、読む人によって解釈《かいしゃく》にばらつきが出ないように、あいまいな表現は使わないことも心がけています。

報告資料のほかに、経営会議の資料も作成します。大きな会議が近いときなど、いそがしい時期には残業をすることもあります。

ONE DAY

鉄道会社の広報職の一日

取材に協力してくれた会社員

内藤《ないとう》 沙弥《さや》さん（25歳《さい》）
京王《けいおう》電鉄株式会社
広報部 企画《きかく》宣伝担当

Q どうしてこの仕事に就《つ》いたのですか？

地元が京王《けいおう》電鉄の沿線で、もともと親しみがありました。大学3年生のときにインターンシップで広報の仕事を体験し、沿線の魅《み》力《りょく》を伝えるこの仕事におもしろさを感じて入社を希望しました。1年間の実習期間で、駅係員や車掌《しゃしょう》、グループ会社での仕事も経験したあと、希望していた広報部に配属になり、企画《きかく》宣伝の仕事を担当しています。

Q この仕事のおもしろいところは？

一般《いっぱん》のお客さまに向けて情報を発信する仕事なので、反応がダイレクトに返ってくるところがおもしろいです。SNS《エスエヌエス》への投稿《とうこう》にコメントがついたり、イベント開催時《かいさいじ》に参加者のみなさんが喜ぶ姿が見られたりすると、きちんと届いていることがわかって、やりがいを感じます。

ある一日のスケジュール

- 9:00 出社、デスクワーク
- 12:00 昼休み
- 13:00 他部署との打ち合わせ
- 14:00 撮影《さつえい》立ち会い
- 16:30 SNS《エスエヌエス》への投稿《とうこう》
- 18:00 終業

9:00

出社、デスクワーク

出社して最初にする仕事は?

おはようございます!

昨日の投稿《とうこう》には「いいね」がたくさんついているな…

前日のSNS《エスエヌエス》投稿《とうこう》がどのくらいの人に見てもらえたか、どんなコメントがついているかもチェックします。

京王電鉄広報 【公式】
1,484 件のポスト
KEIO
フォロー
京王電鉄広報 【公式】
@keiopr_official
京王電鉄株式会社の公式アカウントです。 京王グループ、京王沿線のおすすめ情報やお得な情報を皆さまにどんどんお届けします リプライ・DMなど個別の回答は致しかねますのでご了承下さい。 京王線・井の頭線の運行情報はこちら→
@keiodentetsu

まずはメールチェック。そのあと、SNS《エスエヌエス》の投稿《とうこう》管理や資料作成など

広報部の仕事は、自社の事業やとり組みについて情報を集め、世の中の多くの人びとに伝えることです。情報を広く伝えて会社について知ってもらい、イメージアップにつなげたり、自社のサービスの利用者を増やしたりするのが目的です。広報部は、さまざまな方法で会社の内外に情報を発信していますが(23ページ)、内藤《ないとう》さんはおもにSNS《エスエヌエス》や動画サイトの管理を担当しています。

出社したらデスクでパソコンを立ち上げ、まずはメールをチェックします。メールの内容は、社内の各部署からのSNS《エスエヌエス》への投稿依《とうこうい》頼《らい》や、細かい確認《かくにん》などが多いです。メールチェックが済んだら、SNS《エスエヌエス》の投稿《とうこう》管理(26ページ)を行います。また、動画サイトに投《とう》稿《こう》する動画をつくるには、社内の他部署や外部の動画制作会社の協力が必要なので、説明のための資料も作成します。

13:00

他部署との打ち合わせ

打ち合わせでは、どんなことを話し合うの？

ふだんは見られない鉄道の裏側を公開して、会社のとり組みをもっと知ってほしいと考えています。
広報部がつくりたい動画のイメージを教えてください。

社内の部署との打ち合わせでも、社外との打ち合わせでも、自分の意見や都合ばかりを主張せず、相手の事情に配慮《はいりょ》することが大切です。

担当部署の意見を聞いて、どんな動画を撮影《さつえい》するか検討

この日の午後は、これから撮影《さつえい》する動画の内容について、協力してもらう部署との打ち合わせです。

動画サイトを活用して、多くの人に会社のことを知ってもらったり、ファンを増やしたりするためには、鉄道会社ならではの動画を投稿《とうこう》することが有効です。例えば、鉄道のレール交換《こうかん》の動画を撮影《さつえい》したいときは、線路の整備を担当する部署に協力を依頼《いらい》。作業の見どころ、部署として特にとり上げてほしいことなどを聞き出し、よく話し合って動画の内容を決めていきます。

広報職が自分で動画をつくることは難しいので、グループ会社の広告代理店（広告や宣伝に関するさまざまな事業を行う会社）や、外部の動画制作会社に仕事として依頼《いらい》して、力を借ります。こうした社外の人たちとの打ち合わせもひんぱんに行っています。

COLUMN

いろいろな方法で情報を発信！

マスコミ対応やニュースリリースの発表も大切な仕事。
イベントの企画《きかく》・運営、社内報やフリーペーパーの制作もします。

広報は、自社と社会の人びととの関係を良好に保つ役割をになっています。自社が行う事業について情報を伝え、認知《にんち》度《ど》を上げて、社会の人びととおたがいにコミュニケーションをとることが、広報活動のおもな目的です。会社の内外の幅広《はばひろ》い年齢層《ねんれいそう》にアピールするため、さまざまな手段を用いて情報を伝えています。

広報が外部に向けて伝える情報は、「ニュースリリース」といって、ホームページ上で公開したり、テレビ局や新聞社といったメディアに向けて発信したりするほか、重要度が高い情報は会見を開いて発表することもあります。内容は、新商品の発売や新サービス・新事業の開始、経営や人事にかかわる情報などさまざまです。ニュースリリースは、各部署から情報を聞き、広報部の担当者が各部署の担当者といっしょに文章を作成したうえで公開します。メディア関係者はもちろん、一般《いっぱん》の人も目にすることのできる情報なので、専門用語を使わず、画像や図も入れて、だれにでもわかるような形に、かつ、興味をもってもらえるような内容にまとめます。会社として公式に発表する情報なので、まちがいがないかどうか確認《かくにん》することも非常に重要です。

ほかにも、会社のホームページの管理、イベントの企画《きかく》・運営、フリーペーパーや社内報の制作など、広報の仕事は幅広《はばひろ》く、部署内で分担して行っています。自社の情報を広く知らせることは、会社が外部から信頼《しんらい》を得るために、とても大切なことです。

沿線のイベントやお店などを紹介《しょうかい》するフリーペーパーは、駅構内やグループ会社のお店などで配布しています。

小学生向けに開催《かいさい》した、鉄道会社の仕事を学べるイベント。子どもたちに、鉄道会社を身近に感じてもらうために企画《きかく》しています。

14:00

撮影《さつえい》立ち会い

撮影《さつえい》に立ち会って何を確認《かくにん》しているの?

今から撮《と》るのが、オープニングのシーンですね

きょうは、沿線の魅力《みりょく》をいっしょに紹介《しょうかい》していきましょう!

現場では、動画制作会社のスタッフとの連携《れんけい》が欠かせません。こまめに打ち合わせをして撮影《さつえい》を進行します。

この日撮影《さつえい》した動画では、沿線のスポーツチームとコラボレーションして、沿線のお店を紹介《しょうかい》しました。

予定通りに撮影《さつえい》できているか、時間配分や全体の流れを管理

実際の動画撮影《さつえい》では、カメラを回すのは動画制作会社のスタッフですが、広報職も必ず現場に立ち会います。この日は沿線のお店を紹介《しょうかい》する動画の撮影《さつえい》で、広報職が自ら出演しましたが、通常は企画者《きかくしゃ》として、全体の流れを管理しています。例えば、鉄道の現場の撮影《さつえい》なら、現場の仕事のじゃまにならないように、何時までにどの場面を撮《と》るか、撮影《さつえい》する順番や時間を調整するのもだいじな仕事です。必要な場面が予定通りにきちんと撮《と》れているかどうかもチェックします。

動画制作は、広告代理店と密にやりとりをして進めます。広報職は、企画《きかく》の大まかな内容と、会社としてどんなことを伝えたいかという方針を伝え、動画の構成や編集といった細かいところは広告代理店や動画制作会社に協力してもらって、確認《かくにん》しながら動画を完成させていきます。

ある日の仕事

ポスターのチェック

ポスターをつくる目的は何？

文字の部分は、大きなポスターの印刷見本を広げ、確認《かくにん》もれがないように指さしながらチェック。

文字にまちがいはないかな？

修正が必要なところは、縮小してプリントアウトした紙に赤ペンでメモを書きこんで指示します。

会社のイメージや、サービス、とり組みについて広く伝えるため

広報部では、駅構内などに掲示《けいじ》する各種ポスターの制作も担当しています。例えば、会社のイメージを伝えるポスターは、毎年、季節ごとに新しいものをつくっています。年間を通してのコンセプト（考え方や方向性）を決めたうえで、イラストを使うか写真にするか、キャッチコピーはどうするかなど、広告代理店と協力して具体的な内容を決めていきます。そのほかに、新しく始まるサービスやイベント、落とし物防止やマナー向上といったとり組みについて伝えるポスターもつくります。

ポスターは、多くの人の目にふれるもの。制作する際は、内容にまちがいがないように注意が必要です。印刷所から見本が届いたら、写真の色がきれいに出ているか、文字にまちがいがないかなど、上司やほかの広報職と必ずダブルチェックします。

16:30

SNS《エスエヌエス》への投稿《とうこう》

投稿《とうこう》する内容はどうやって決めるの？

告知の投稿《とうこう》が続いているから、そろそろ担当のつぶやきを投稿《とうこう》しよう

息抜《いきぬ》きに会社の近くを散歩したついでに、電車の写真をスマホで撮影《さつえい》。親近感をもってもらえるように、なにげない風景とともにコメントを投稿《とうこう》します。

依頼《いらい》があった内容を中心に、タイミングや文章を調整して投稿《とうこう》

各種SNS《エスエヌエス》上にある会社の公式アカウントは、広報部が管理しています。各部署がばらばらに投稿《とうこう》するのではなく、広報部が各部署から投稿《とうこう》したい内容をいったん引きとって確認《かくにん》し、投稿《とうこう》日時を調整して、文章を整えたうえで投稿《とうこう》するのです。広報部が管理することで、情報を効率よく正確に伝えることができます。いっぺんに複数の投稿《とうこう》をすると見のがされてしまいやすいため、設定した日時に投稿《とうこう》できるアプリを使って、毎日バランスよく発信するようにしています。

SNS《エスエヌエス》への投稿《とうこう》内容は、記念乗車券やオリジナルグッズの発売のお知らせ、沿線のイベント情報など、各部署やグループ会社から依《い》頼《らい》された内容が中心ですが、宣伝や告知ばかりが続くと単調になってしまうので、ときには担当の広報職が個人的なつぶやきを投《とう》稿《こう》することもあります。

投稿《とうこう》するとき、気をつけているのはどんなこと？

18:00

終業

「みなさん、最近いかがお過ごしですか？」など、呼びかけるような会話をするような感じで投稿《とうこう》しています。

おつかれさまでした！

内容は正確に！ ていねいさと親しみやすさのバランスをとって

広報として伝える内容は、正確であること、わかりやすいことが第一です。情報にまちがいがないか、誤解を招く表現はないか、よく確かめてから投稿《とうこう》します。それに加えて、SNS《エスエヌエス》の場合は、親しみやすさを感じてもらうことも大切です。失礼にならないようにていねいな表現をすること、鉄道会社としての堅実《けんじつ》なイメージをそこなわないことを心がけながらも、身近に感じてもらえる文章を考えて投稿《とうこう》しています。

一日の終わりには、業務を整理して、明日以降にやるべきことを確認《かくにん》。仕事が立てこんでいれば残業することもありますが、基本的には18時ごろに終業します。

この仕事をしていると、移動中などに、ほかの鉄道会社のポスターが気になります。話題になっている他社のSNS《エスエヌエス》や動画サイトなどもチェックして、参考にしています。

ONE DAY

エネルギー会社の経理職の一日

取材に協力してくれた会社員

加瀬《かせ》 文就《ふみなり》さん（27歳《さい》）
東京ガス株式会社
経理部　連結決算グループ

どうしてこの仕事に就《つ》いたのですか？

大学で商学を学び、経理の仕事に興味をもちました。お金（資金）は会社の存続や成長のために必ず必要なもので、「会社の血液」ともいわれます。経理は、そのお金の流れを管理する会社の心臓部ともいえる仕事。そんなダイナミックな仕事にたずさわりたいと考え、今の仕事を選びました。

この仕事のおもしろいところは？

経理の仕事は、簡単にいうと会社のお金の流れを正しく記録して、その結果を分析《ぶんせき》することです。会社の今の状態が数字に表れるので、うそのない姿を確認《かくにん》できるところが、この仕事のおもしろいところです。経理で記録・分析《ぶんせき》した結果が、新聞やテレビでニュースとしてとり上げられることにも、やりがいを感じます。

ある一日のスケジュール

- 8:30　出社、予定の確認《かくにん》
- 10:00　担当部署とのミーティング
- 12:00　昼休み
- 13:00　会計処理
- 15:00　決算値の分析《ぶんせき》、報告
- 17:00　業務の整理など
- 17:30　終業

8:30

出社、予定の確認《かくにん》

なんのためにお金の流れを記録するの？

きょうもがんばろう！

このあとの打ち合わせに備えて、調べものをしておこう

勤務時間は自由に決められるフレックスタイム制なので、仕事内容によって、早いときは7時ごろに、遅《おそ》いときは10時ごろに出社することもあります。

会社の経営がどんな状態か、正しく把握《はあく》するため

会社は物やサービスを売って利益を上げます。そのときに出入りしたお金の流れを正しく記録することを「会計処理」といいます。この会計処理を行うのが、経理のおもな仕事です（31〜32ページ）。お金の流れがわかれば、何にどれだけお金を使っているか、どの事業でどのくらいの利益が出ているかなどがわかり、会社の経営状態を正しく把握《はあく》することができます。経理とは「経営管理」の略で、会社経営にかかわる重要な部署なのです。

加瀬《かせ》さんの担当は、アジアや北米での液化天然ガス（※）にかかわる事業の経理業務です。出社後はまず、メールのチェックと返信をして、その日にやるべきことを確認《かくにん》。一日の仕事内容に優先順位をつけることで、仕事をスムーズに、かつ確実に進めています。打ち合わせの予定があれば、その内容に合わせて、調べものや資料作成もします。

※液化天然ガス：天然ガスをマイナス162度まで冷やして液体にしたもので、LNG《エルエヌジー》ともいう。都市ガスの原料となる。

10:00

担当部署とのミーティング

人とコミュニケーションをとる仕事って多いの？

わからないことがあったら、何でも聞いてください

担当部署の人がわからないことや迷うことがあれば相談に応じ、専門家として常に正しい情報を伝えます。いざというときに頼《たよ》ってもらえる関係を築くことが大切です。

会計のルールについて相談にのることも大切な仕事

経理の仕事というと、机に向かってもくもくとお金の計算をしているイメージがあるかもしれません。けれどもじつは、担当部署や子会社などの関係者と直接話し合うことが、とても大切な仕事です。

会社の会計処理をするには、各部署から、事業に使ったお金や売上など、日々の取引の記録を提出してもらう必要があります。そのとき重要なのが、法律で定められた会計のルールを守ることです。ルールをきちんと理解していないと記録も不正確になり、正しく会計処理ができません。しかし、会計のルールはとても細かくて複雑です。そのため、専門家である経理職が、その都度、担当部署にていねいに説明する必要があるのです。担当部署から相談があれば、ミーティングの時間を設けて、疑問に答えたり、ルールを確認《かくにん》したりしています。

COLUMN

会計情報から会社の成績表を作成！

会社の「経営成績」がわかる書類を作成して、世の中に発信。ビジネスに必要なお金を調達するためにも重要な仕事です。

経理のおもな仕事である会計処理は、家庭でいえば家計簿《かけいぼ》、個人でいえばおこづかい帳をつけるようなものです。物やサービスを売って得た「収益」、事業を行うためにかかった材料費や人件費などの「費用」、収益から費用を引いて手元に残る「利益」といった、会社のお金の流れをすべて記録します。

記録したお金の流れは、一つの書類にまとめられます。その書類を「決算書」といいます。この決算書にはその会社の財産や借金の額も書かれているので、事業がうまくいっているかどうか、決算書を見れば数字でわかります。決算書は、会社の成績表のようなものなのです。

決算書は、3か月ごと、また1年ごとに、世の中に発表されます。そこには、会社の経営状況《じょうきょう》や、今後の業績の予測などがまとめられています。会社にお金（資金）を出している投資家や債権者《さいけんしゃ》（会社に対してお金や物などを請求《せいきゅう》する権利をもつ人）は、決算書で会社の成績を確認《かくにん》して、今後もこの会社に投資するべきか、お金を貸すかを検討します。決算書のなかには、決算の速報である「決算短信」や、より正確でくわしい「有価証券報告書」などがあります。決算短信や有価証券報告書を作成するのも経理職の仕事です。

また、経理職は、決算の内容について、社長や役員に説明します。会社のお金の流れだけでなく、現在の事業の状態はどうなっているか、なぜそういう状態になったのか、今後どうなると考えられるかなど、決算の内容をもとに分析《ぶんせき》した結果も報告します。そして、その内容は今後の経営戦略に生かされます。

● 経理のおもな仕事

会社のお金の流れを記録

▼

決算書としてまとめる

▼

世の中に発表する

▼

今後の経営に生かす

会計処理

取引の内容って、毎日記録するの？

売上金額の合計はこれでまちがいないかな？
dynabook

日々の記録は、同じグループのメンバーで分担して行います。

取引先との関係やお金の動きをこのような図に表して整理します。

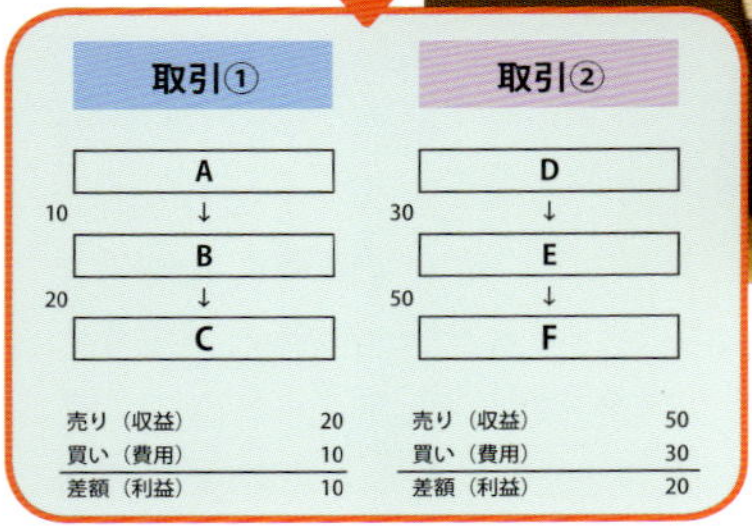
取引①
A
10 ↓
B
20 ↓
C
売り（収益） 20
買い（費用） 10
差額（利益） 10
取引②
D
30 ↓
E
50 ↓
F
売り（収益） 50
買い（費用） 30
差額（利益） 20

取引で出入りした金額を、毎日、正確に記録します

会社は毎日、さまざまな取引を行っています。その際に入ってきた収益、出ていった費用、残りの利益などを、もれなく正確にデータとして記録しておくことが必要です。そのために、経理職は毎日、会計処理を行います。

会計処理での記録ミスを防ぐために、お金のやりとりを図にして、整理することもあります。例えば、液化天然ガスを海外から買いつけたときのことを考えてみましょう。液化天然ガスはたくさんの船で運ばれますが、その取引量や取引額は膨大《ぼうだい》です。会計処理を行う際に、もし、船の数をまちがえたり、金額をまちがえたりしたら、とても大きなミスになってしまいます。そこで、船やお金の動きなどを図に表して、数や金額を確認《かくにん》しながら数字を記録するのです。

このように、会計処理は、正確さと慎重《しんちょう》さが求められる仕事です。

15:00

決算値の分析《ぶんせき》、報告

数字からわかることってどんなこと？

前の年よりも利益が増えているな！

月ごとの決算値をまとめることで、会社の業績をタイムリーに知ることができます。

前年より利益が増えている理由はこちらです

決算値を分析《ぶんせき》し、まとめたら、まずは上司に報告。意見をもらって、よりよい内容にしていきます。

過去の決算値と比べることで、会社の業績をいち早くキャッチ

日々の会計処理で記録した数値を「決算値」といいます。決算値は1か月ごとに表にまとめます。これが3か月ごと、1年ごとにつくる決算書のもとになるのです。毎月、きちんと決算値をまとめておくことで、会社の業績をいち早く把握《はあく》し、事業に反映することができます。

まとめた決算値の分析《ぶんせき》も重要です。例えば、前の月や、前年の同じ月と利益を比較《ひかく》。利益が減っていた場合はもちろん、増えていた場合でも、その原因を考えます。そのときは、会社内の状況《じょうきょう》を調べるだけでなく、景気の状況《じょうきょう》や日本のお金の価値（円安・円高など）といった世の中の情報も頭において考える必要があります。

決算値と分析《ぶんせき》結果は、社長にも報告します。その内容は、今後の会社の経営にも生かされるのです。

17:00

業務の整理など

担当部署との打ち合わせで相談された内容について、資料を見て再度確認《かくにん》したり、次の日の打ち合わせで説明する内容をまとめたりもします。

17:30

終業

おつかれさまでした！

就職してからも勉強は必要？

専門家として知識を深めるため、勉強し続けることが大切

打ち合わせや会計処理などの業務の合間には、会計のルールについて勉強する時間をつくることも大切にしています。会計のルールは複雑なうえ、変更《へんこう》されることもあるので、最新の内容を読みこんで、理解を深める必要があるのです。

さらに、会社の決算を分析《ぶんせき》するには、世の中の経済状況《じょうきょう》にもアンテナを張っておく必要があります。経理の仕事にかかわるようなニュースをチェックして、わからない部分があれば調べたりすることもあります。

また、同じグループ内で月1回、勉強会を実施《じっし》。メンバーが順にテーマを決めて発表し、ディスカッションすることで、専門家としての知識を深めています。

終業前には一日をふり返り、やるべきことが完了《かんりょう》したかをチェック。やり残した仕事があれば、翌日以降の予定を組み直します。

COLUMN

海外とのやりとりや出張もあります

海外でビジネスを行うスタッフとは、オンラインで定期的にミーティング。気になったことは、現地に足を運んで確認《かくにん》することも。

経理職の仕事でも、勤務先の会社の事業内容によっては、海外とやりとりをしたり、国内外に出張したりする機会があります。例えば、東京ガス株式会社は、北米やオーストラリア、東南アジア各国などで、液化天然ガスにかかわる事業をはじめ、さまざまな事業を展開しており、海外にも事業拠点《きょてん》やグループ会社が多数あります。そのため経理職は、海外の拠《きょ》点《てん》もふくめた会計処理を確認《かくにん》し、決算値をとりまとめる必要があります。

海外の拠点《きょてん》にも、それぞれ経理を担当するスタッフがいるため、本社の経理職がそのスタッフと連携《れんけい》して、会計処理が正しく行われるようにしています。加瀬《かせ》さんは、北米での天然ガスの開発や生産にかかわる事業の経理業務も担当しているので、3か月に一度、決算書を作成するタイミングでアメリカの現地スタッフと打ち合わせをしています。おもに、会計のルールを守って決算書がつくられているか、数字にまちがいがないかを確認《かくにん》するための打ち合わせです。打ち合わせはオンラインで行いますが、気になることがあれば現地に足を運び、直接話をすることもあります。必要に応じて、英語でやりとりをします。

また、他社の経理職に話を聞くために、出張することもあります。例えば、会社が新事業を立ち上げることになったとき、すでに同じ事業を行っている他社の会計処理の事情について、ヒアリングをするのです。海外の会社に協力してもらうケースもあります。

過去には、シンガポールの会社を訪問し、会計処理の事情についてヒアリングしました。

アメリカとは時差があるので、オンラインの打ち合わせは朝早い時間に行うことが多くなります。

ONE DAY

化学メーカーの人事職の一日

取材に協力してくれた会社員

野口《のぐち》 紗那《さな》さん（24歳《さい》）

日本ゼオン株式会社
人材企画部《きかくぶ》 キャリア開発推進グループ

Q どうしてこの仕事に就《つ》いたのですか？

子どものころから人のために何かをするのが好きでした。大学時代にさまざまな接客業のアルバイトを経験し、特にジュエリーショップの仕事では、時間をかけてお客さまの相談に乗るなど、人とかかわる仕事の楽しさを実感。そこから、周囲の人をサポートする人事という仕事に興味をもちました。

Q この仕事のおもしろいところは？

部署をまたいで多くの社員とかかわれることが楽しいです。また、私は新入社員の教育にかかわる仕事をしているので、彼らの成長が見られたときには大きな喜びを感じます。「新人が気持ちのよいあいさつをしてくれる」「積極的に仕事にとり組んでいる」など、社内でよい評判を耳にすると、とてもうれしく、これからもがんばろうと思えます。

ある一日のスケジュール

- 8:00 出勤、メールチェック
- 8:30 社員研修への同席
- 12:00 昼休み
- 13:00 グループ内でのミーティング
- 15:00 資料や書類の作成
- 17:10 終業

8:00

出勤、メールチェック

人事職としてどんな仕事を担当しているの？

おはようございます！

きょうの研修について確認《かくにん》しておくことは…

仕事の内容によって在宅勤務も可能ですが、新入社員の研修が始まる４月から３か月ほどは、出社することが多くなります。

週の初めには、人材企画部《きかくぶ》全体のミーティングで情報共有。

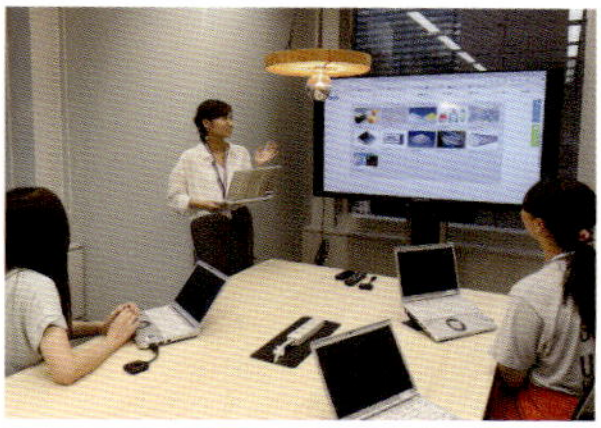

社員が能力を高められるよう、おもに新入社員の研修を担当

日本ゼオンは、タイヤなどに使われる合成ゴムを中心に、リチウムイオン電池の材料や液晶《えきしょう》テレビのフィルムなど、さまざまな化学素材を開発・製造・販売《はんばい》している会社です。

人事職の仕事は幅広《はばひろ》いですが、野口《のぐち》さんはおもに、新入社員のための研修（教育プログラム）を企画《きかく》して、提供する仕事をしています。社員一人ひとりが最大限の能力を発揮できるようにサポートして、会社の業績アップにつなげることが目的です。

出勤後はまず、メールやその日の予定をチェック。研修のプログラム全体を自分たちで考えたあと、個別の研修内容の作成や実施《じっし》は、外部の研修会社に依頼《いらい》することもあるので、その会社とのやりとりが多いです。

研修当日の朝は、研修会社の営業担当や講師と、その日の進め方や資料の内容など、最終の打ち合わせを行います。

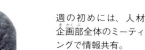

8:30

社員研修への同席

新入社員研修って、どんなことをするの？

きょうの研修のテーマは、ロジカルシンキングです
ZEON
3．振り返りアンケート

勤務時間や働く場所についての決まり、交通費の計算方法など、細かな社内のルールについては、人事職が講師役となって教えることもあります。

社会人として必要なマナーやスキルを学んでもらいます

この会社では、新入社員研修を2年かけて行います。入社してから、実際に仕事をする部署が正式に決まるまでの約3か月間は、集中的に研修を行う期間です。あいさつの仕方やメールの書き方などのマナー、ロジカルシンキング（※）、コミュニケーションスキルといった、社会人として必要なことがらを、講義やグループワークで学んでもらいます。そのほかに、製品がつくられる現場を体験するため、工場実習も行っています。

研修には基本的に担当の人事職も同席し、研修の初めと終わりに、その日の研修の内容や翌日の予定を説明します。研修が行われている間は、研修内容や講師の教え方が適切かどうかをチェック。同時に、受講している社員たちが集中してとり組めているか、困っているようすはないかなどに目を配り、必要に応じて注意やアドバイスもします。

※ロジカルシンキング：日本語に訳すと「論理的思考」という意味で、物事を論理的にとらえ、筋道を立てて考える方法。

13:00

グループ内でのミーティング

どんなことを話し合っているの？

今回は、初めてお願いする研修会社だったけど、どうだった？
研修カリキュラムの難易度もちょうどよく、新入社員に効果的な学びになったかと思います

新入社員研修でいそがしい時期にはミーティングの時間をつくりにくいので、話し合うべきことができたときに、その都度集まって話し合うことも多いです。

自分が担当した研修について報告したり意見を述べたりして、今後の研修に生かします。

次年度の研修内容を決めたり、トラブルへの対応を話し合ったり

グループ内でのミーティングでは、それぞれの仕事の進み具合を報告したり、課題について話し合ったりします。新入社員の研修については、7月ごろから次年度の準備を始め、研修のテーマや研修会社を決めていきます。研修が始まってからは、「講師が合わない」「個別にフォローが必要な社員がいる」など、研修中に発生したトラブルへの対応について話し合うこともあります。

研修会社との打ち合わせは、研修を実施《じっし》する前年の秋ごろから定期的に行い、具体的な内容を決定していきます。研修会社はそれぞれ得意分野がちがうため、複数の会社に分けて研修を依頼《いらい》しています。

また、新入社員の採用を担当する部署との打ち合わせも定期的に行い、採用が決まった学生が入社後の研修にスムーズに入れるように、連携《れんけい》してフォローしていきます。

15:00

資料や書類の作成

どんな資料や書類をつくっているの？

工場実習の資料ですが、これで問題ないでしょうか？

資料や書類の作成で迷ったときには上司に相談。在宅で仕事中は、オンラインで話し合うことも多いです。

17:10

終業

おつかれさまでした！

研修のスケジュール表や名簿《めいぼ》、研修会社との契約書《けいやくしょ》などを作成

研修に使う資料のなかでも、研修のスケジュール表や社内ルールをまとめた資料、グループワークの班分けの名簿《めいぼ》などは、担当の人事職が自分で作成します。例えば、工場実習は複数の工場に分けて行うので、それぞれの集合場所や日程、業務内容、注意事項《じこう》などを資料にまとめ、新入社員に配ります。

そのほかに、研修会社との契約書《けいやくしょ》の作成、請求書《せいきゅうしょ》の処理、研修時の新入社員の交通費精算など、研修にかかわる事務も、人事職の仕事です。研修会場として社外の会議室を使用する際には、予算や条件に合った施設《しせつ》の選定や手配も行います。

新入社員研修が始まると、朝から夕方まで研修が行われ、事務作業の時間を確保するのも難しい日々。そんな時期は、研修に同席しながら資料や書類を作成したり、残業したりして対応することもあります。

COLUMN

さまざまな形で社員をサポート！

一人ひとりの社員が十分に力を発揮できるようにすることで、事業がよりうまく運び、会社の発展につながります

人事職の具体的な仕事内容は会社によってちがいますが、この会社では人事統括《とうかつ》部門の３つの部署「人事部」「ワーク・ライフサポート部」「人材企画部《きかくぶ》」が、人事部門の幅広《はばひろ》い仕事を分担しています。

人事部は、社員の採用や配置などを担当する部署です。社内の各部門と連携《れんけい》して、必要な人材の募集《ぼしゅう》や選考、入社までのフォローを行います。また、社内のルールや社員が働きやすくなるような制度を整えたり、社員の能力や会社への貢献度《こうけんど》を評価する仕組みをつくったりもしています。

ワーク・ライフサポート部は、社員の働く環境《かんきょう》を整える役割をになう部署です。例えば、社員の勤務時間や欠勤の有無《うむ》などを確認《かくにん》して、給与《きゅうよ》が正しく支払《しはら》われるように管理しています※。また、福利厚生《こうせい》にかかわる業務も担当しています※。福利厚生《こうせい》とは、給与《きゅうよ》とは別に会社が社員やその家族に提供するサービスのことで、社会保険、住宅手当、特別休暇《きゅうか》などがこれにあたります。

人材企画部《きかくぶ》は、社員一人ひとりが能力をのばすためのサポートをする部署です。新入社員をはじめ全社員に研修や通信教育を提供するほか、昇格《しょうかく》に関する研修や試験の実施《じっし》も担当しています。さらに、会社と社員のよりよい関係づくりと、おたがいの成長のために、社員の声を集め、さまざまなとり組みを行っています。

会社を経営するうえでは、「ヒト・モノ・カネ・情報」の４つが重要だといわれます。人事部門はそのうちの「ヒト」、つまり働く人たちが活躍《かつやく》できる土台をつくって、その価値を高め、会社の発展につなげる役割をになっているのです。

※給与《きゅうよ》の計算は経理が、福利厚生《こうせい》に関する業務などは総務が担当する会社もある。

● 人事部門のおもな仕事内容

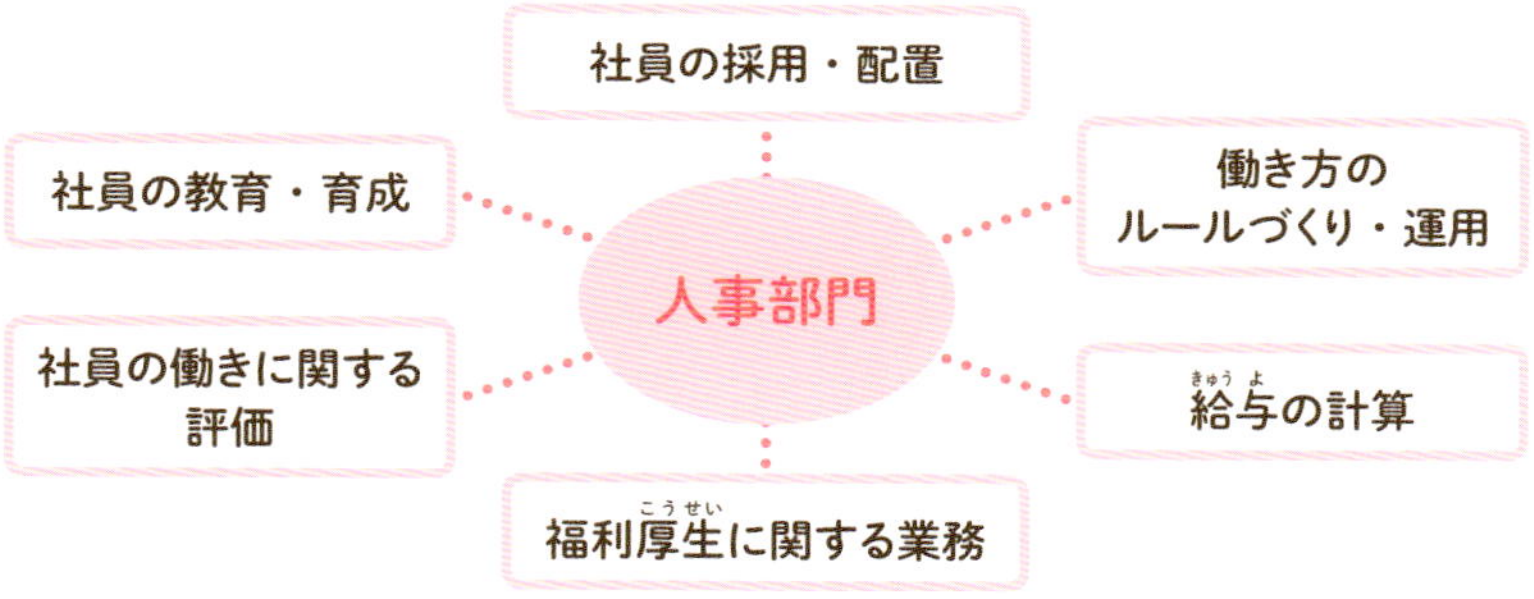

INTERVIEW ①

テレビ放送事業会社の法務職

佐藤《さとう》 佳織《かおり》さん
日本テレビ放送網《ほうそうもう》株式会社
コンプライアンス推進室　法務部

損害賠償《ばいしょう》の条項《じょうこう》は、
このように修正しては
どうでしょう？

社内から契約書《けいやくしょ》に関する相談があれば、ていねいに対応します。

トラブルに
なったときに備えて、
契約書《けいやくしょ》のここは
直しておこう

法律の専門書を見ながら契約書《けいやくしょ》の確認《かくにん》をするなど、ふだんはデスクワークが中心です。

この件の進め方は、
これで問題ない
でしょうか？

担当する法務職がひとりで解決できないような問題については、法務部全体でミーティングを開き、議論を重ねることもあります。

以前同じような
ことがあったときは、
こうやって対応したよ

法律には幅広《はばひろ》い分野があり、同じ法務部のメンバーにもそれぞれ得意分野があるので、連携《れんけい》して問題解決にあたっています。

Q1 どんな仕事をしているのですか?

おもな業務は、ビジネスで発生する契約書《けいやくしょ》のチェックです。契約書《けいやくしょ》の内容に問題がないか、自社にとって不利ではないかといった相談に乗ります。また、新しいビジネスを始めるときに、法令に抵触《ていしょく》*しないか、利用規約*をどんな内容にするかなどの相談にも乗ります。

あとは、トラブル対応です。ビジネスをしたり、番組制作をしたりしていると、どうしてもトラブルは起きます。こじれると裁判に発展することもあるので、トラブルを大きくしてしまわないために、どのように対応していったらよいかの相談に乗っています。

Q2 おもしろいところややりがいは?

私はもともと、困っている人のために働きたいと思って、法曹《ほうそう》*を目指していました。法務部という部署は、困った人がおとずれる場所です。「取引先とトラブルになってしまったけど、どうしたらよいだろう」「契約書《けいやくしょ》の内容をどうすればよいかわからない」などです。法曹《ほうそう》を目指していたころにイメージしていた「困っている人」は、犯罪に巻きこまれてしまった人だけでしたが、会社のなかにも困っている人はいます。その役に立つことができ、サポートできる法務部の仕事に、とてもやりがいを感じています。

Q3 なぜこの仕事に就《つ》いたのですか?

高校生のころに、性犯罪被害《ひがい》についてのノンフィクションを読んで法曹《ほうそう》になりたいと思い、大学は法学部に進みました。大学卒業後、数年間は司法試験を受験していましたが、残念ながら合格しなかったため、企業《きぎょう》に就職しました。

もともとドラマ、映画、演劇が大好きなのですが、一方で、政治や社会問題にもずっと興味がありました。より自分が興味のもてる業種の会社で法務の仕事ができればよいなと思っていたところに、エンターテインメントと報道がビジネスの両輪であるテレビ局に、縁《えん》あって入社することになりました。

抵触《ていしょく》

ふれること、衝突《しょうとつ》すること。また、法律や規則などで禁止されていることがらをしてしまうこと。

利用規約

企業《きぎょう》が提供するサービスについて、ユーザーがサービスを利用する際のルールをまとめたもの。

法曹《ほうそう》

法律をあつかう専門家。特に、弁護士・検察官・裁判官を指す。これらをまとめて「法曹《ほうそう》三者」という。

INTERVIEW 2

電子決済サービス会社の情報システム職

中村《なかむら》 洵《まこと》さん
PayPay《ペイペイ》株式会社
システム本部 Corporate《コーポレート》 IT《アイティー》部

勤務は基本的にリモートワーク。何台かのパソコンを使って、自宅で作業をしています。

きょうはどんな問い合わせがあるかな…

確認《かくにん》したところ、問題なさそうですね！
このセキュリティ対策の実施状況《じっしじょうきょう》はどうですか？

同じ部署のメンバーと、社内システムの構成について議論。打ち合わせなどはweb《ウェブ》会議で行います。

トラブルの原因はどこだろう？

社員からトラブルの相談があったときには、実際にその社員と同じ種類のパソコンやタブレットを使って問題を調査します。

Q1 どんな仕事をしているのですか?

私が所属する部署では、社員が業務で使う各種システムの管理・運用を行っています。私がおもに担当しているのは、通信や認証《にんしょう》*、セキュリティに関するシステムの管理です。新入社員のアカウント*作成や、システム利用上のトラブルの解消、新しいシステムや業務の導入に関する相談など、社員からのさまざまな依頼《いらい》や相談に対応します。

同時に、セキュリティに関する仕事も行っています。外部からの不正なアクセスで重要なデータがぬすまれないよう、別部署と連携《れんけい》してサイバー攻撃《こうげき》*から会社を守るための対策を講じています。

Q2 おもしろいところややりがいは?

私が担当しているシステムは、全社員が業務に使っているため、社員からの依頼《いらい》や相談の背景には、自分がこれまで経験したことのない多様な業務があります。一つひとつの問題をひも解きながら、根本的な原因を特定したり最適な解を見つけたりすることで、社員の悩《なや》みが解決し、自分の知識も広がることがとてもおもしろいと感じています。

利用範囲《はんい》や影響度《えいきょうど》の大きい重要システムをあつかっているので、想定外のトラブルが発生するなど難しいことも多いですが、その分やりがいを感じます。

Q3 なぜこの仕事に就《つ》いたのですか?

高校時代から理系科目全般《ぜんぱん》が好きで、特に物理学や地学に興味があり、大学では地球物理学を専攻《せんこう》していました。大学ではプログラミングを使って自然現象を再現するような研究を行っており、研究室内のネットワークの管理を行うなかで、情報システムをあつかうおもしろさに気づき、大学卒業後はシステム開発会社に就職しました。

その後、より大きな規模の会社で新しい挑戦《ちょうせん》をしてみたいと思うようになり、事業の将来性や、業務環境《かんきょう》にも最新の技術をとり入れているところに魅力《みりょく》を感じて、現在の会社に転職しました。

認証《にんしょう》

システムを利用しようとする人が、正当な利用者であるかどうかを確《かく》認《にん》すること。

アカウント

コンピュータやシステムを利用したり、ネットワーク上の特定の領域に入ったりするための権利。

サイバー攻撃《こうげき》

会社や個人のコンピュータやシステムに不正にアクセスし、データをぬすんだりこわしたりすること。

インタビュー編
ほかにもある！ いろいろな「支える仕事」

INTERVIEW ③

イメージング製品・サービス販売《はんばい》会社の総務職

林《はやし》 歩美《あゆみ》さん

富士フイルムイメージングシステムズ株式会社
経営企画部《けいえいきかくぶ》 コーポレート管理部
兼《けん》 総務人事部総務グループ

働きやすい
職場づくりに向けて、
課題を整理しましょう

総務部内のメンバーとの打ち合わせ。協力して仕事を進めています。

稟議《りんぎ》システムを
使いやすくするには
どうしたらいいかな？

資料の作成など、デスクワークも多いです。社内からの相談が電話やメールでたくさん届きます。

楽しい企画《きかく》を
みんなで用意しました！
ぜひ楽しんでいって
ください！

従業員の家族を会社に招待する、「ファミリーデー」というイベントを実施《じっし》。子どもから大人まで、笑顔《えがお》があふれる楽しいイベントになりました。

当日の運営に向けて、
みなさんの準備の
状況《じょうきょう》を教えてください

総務で社内イベントを企画《きかく》。複数の事業部からメンバーをつのり、連携《れんけい》し協力し合いながら準備を進めます。

Q1 どんな仕事をしているのですか?

総務の仕事は多方面にわたりますが、今回はおもな仕事を2つ紹介《しょうかい》します。1つ目は会社の稟議《りんぎ》システム*の運用と整備です。全社員が利用するシステムなので、利用方法を周知徹底《てってい》し、正確に利用できるようにサポートしています。

2つ目は、働きやすい職場づくりです。私たちの会社にはさまざまな事業部があり、新しい発想やアイデアを生み出すには、事業部を越《こ》えて従業員同士がコミュニケーションをとることが必要です。コミュニケーションの機会を増やすため、従業員同士の交流をうながすイベントも企画《きかく》しています。

Q2 おもしろいところややりがいは?

会社全体を知り、多くの考え方を学べるところがおもしろいと思います。総務は社内のあらゆる事業部・部署から相談を受けるので、各事業の特徴《とくちょう》や、さまざまな部署の人たちの考え方を知ることができます。イベントの企画《きかく》では、複数の事業部に協力してもらうことも多く、全社を巻きこんで物事を進める難しさや達成感を感じました。

いろいろな人たちに頼《たよ》られることにやりがいを感じますし、総務は多くの人と接点をもてる部署だからこそ、自分の世界が広がり、おもしろいと思っています。

Q3 なぜこの仕事に就《つ》いたのですか?

私が勤めている会社は、チェキ・デジタルカメラの事業、広告・ディスプレイの事業、ID《アイディー》カード*やクラウドサービス*の事業など、複数の事業を手がけています。入社時はID《アイディー》カードの営業職として配属され、おもな取引先は企業《きぎょう》の総務部だったので、さまざまな企業《きぎょう》の総務の方と会う機会が多く、そのころから総務の仕事に興味がありました。

自分がやりたいことを見つめ直したときに、いちばん会社のことを知れる部署、裏方でみんなをサポートできる部署に行きたいと思ったので、その希望を会社に伝え、現在の部署に異動になりました。

稟議《りんぎ》システム

新しい顧客《こきゃく》と取引を始めるなど、会社として大きな決定をするときに、社内で承認《しょうにん》をとるプロセスをスムーズに進めるための仕組み。

ID《アイディー》カード

持ち主の氏名、所属先、顔写真などが記載《きさい》されており、個人の身分証明書として機能するカード。

クラウドサービス

さまざまなソフトウェアをインターネット経由で利用できるサービス。

もっと！ 教えて！「支える仕事」

Q1 この仕事に就《つ》いてよかったと思ったことを教えて！

A 情報システム職として、社内システムの開発や改修を担当していますが、仕事を通して新しい知識が身につき、成長していけるところが、この仕事の魅力《みりょく》の一つだと思います。これまでにつちかった経験が、トラブルの解決や業務の効率アップにつながることも多いです。より使いやすいシステムを提案できるよう、新しい情報にも常にアンテナを張っています。

（20代・情報システム職・男性）

A 総務部が中心となって企画《きかく》・運営した社内イベントが成功して、参加者から感謝やねぎらいの言葉をもらったり、社員同士の交流が深まっていることを感じられたりしたときは、とてもうれしかったです。イベントを企画《きかく》したり盛り上げたりするのが得意なタイプではなく、経験もなかったため不安だったのですが、全力でとり組んだかいがありました。

（20代・総務職・女性）

Q2 この仕事をしていて、大変なこと、苦労したことを教えて！

A ある年、人事職として研修を担当した新入社員のなかに、外国籍《がいこくせき》の人がいました。採用部門からの事前の情報では、言語について特に配慮《はいりょ》は必要ないということだったのですが、実際に研修が始まると、その新入社員には日本語の研修内容を理解するのが難しいことがわかりました。急きょ、英語での対応を行い、なんとか無事に研修を受けてもらうことができましたが、事前の情報確認《かくにん》の重要性を再認識《さいにんしき》した一件です。

（30代・人事職・女性）

A ある法律が新設されることになり、担当部署がその法律を守るには、社内の運用ルールを見直したり、システムを改修したりする必要がありそうだということがわかりました。新しい法律なので決まっていないことも多く、専門家に質問しても文献《ぶんけん》を調べてもわからないことがたくさんあります。リスクをさけつつ現実的に対応する必要があり、各部署にヒアリングしたり、法務部で議論を重ねたりして対応しました。

（40代・法務職・女性）

Part 2

目指せ！「支える仕事」どうやったらなれるの？

「支える仕事」に就《つ》くには、どんなルートがあるの？

大学を卒業していたほうが選択肢《せんたくし》は多くなります

会社員として「支える仕事」をするために、特別な資格は必要ありません。会社に就職して、管理部門を担当する部署に配属されれば、だれでも「支える仕事」に就《つ》くことができます。

ただし、就職後に総合職（66ページ）として幅広《はばひろ》い仕事で活躍したいなら、大学を卒業したほうがよいでしょう。採用選考の際に、大学卒業の学歴を求める会社が多いからです。短期大学や専門学校を卒業した人は、同じ「支える仕事」で働くとしても、総合職を補助する立場で事務などを行う一般職《いっぱんしょく》（66ページ）としての採用がほとんどです。中学や高校を卒業してすぐに就職する人も同様です。

「支える仕事」での勤務を希望していても、必ずしも最初から管理部門に配属されるとは限りません。新入社員は、初めは経験を積むために営業部門に配属されたり、社内で人員を必要としている部署に配属されたりすることが多いからです。その後、適性を考慮《こうりょ》したうえで、管理部門に異動になります。また入社後にも、定期的な面談で配属の希望を会社に伝え、社内の状況《じょうきょう》に応じて異動できる制度があります。

また、会社によっては、採用の段階から、経理職や法務職などに職種を限定して新入社員を募集《ぼしゅう》する「職種別採用」を行うケースもあります。このような形で採用された人は基本的に、最初から所定の部署に配属されます。

大学（4年）
短期大学（2〜3年）

専門学校（1〜4年）

※「支える仕事」にかかわる専門学校としては、簿記《ぼき》（55ページ）やパソコンスキルなどを学べるビジネスの専門学校がある

就職後に学び直す人も

就職活動・採用選考

合格!

入社後、管理部門の部署で働く

理系の知識を学ぶには、高等専門学校という進学先も

「支える仕事」は文系の多い職種ですが、理系の知識を学びたいなら、高校卒業後に高等専門学校（高専）に進む道もあります。高専では、工業系の専門的な知識や技術を学ぶことができるため、卒業後は技術職への就職が多いです。

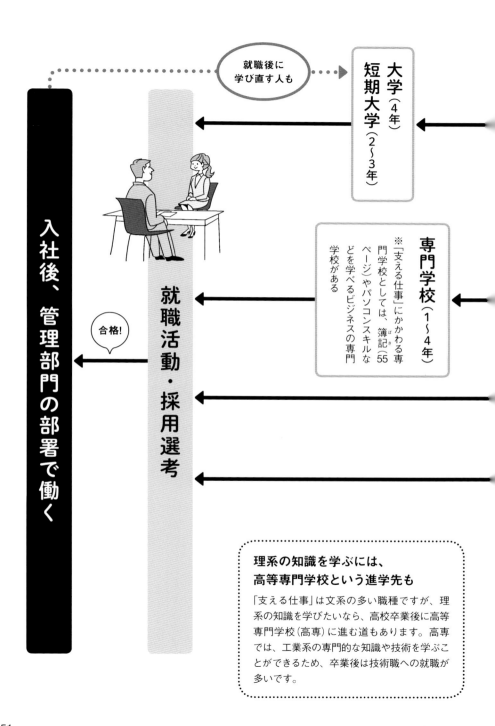

会社員になるための試験って、どんなもの？

会社の情報を集めるには？

自動車業界に就職したいのですが…

大学のキャリアセンターで調べる

各大学にあるキャリアセンターでは、相談員に卒業後の進路や就職活動について相談したり、社員を募集《ぼしゅう》している会社の情報を調べたりすることができます。

どんな仕事ができそう？やりがいは？
働いていた人の口コミは？
給料は？休みは？

インターネットで調べる

インターネット上には、学生の就職活動を支援《しえん》するための情報や機能が集まった「就職情報サイト」がいくつもあります。業界や会社についての情報や採用情報などを調べたり、社員募集《ぼしゅう》に応募《おうぼ》したりすることができます。

まずやるべきことは情報収集。働きたい会社を見つけます

「支える仕事」に限らず、会社員になるためには、それぞれの会社が行う採用選考を受けて、合格しなければなりません。

まず必要なのが、業界や会社の情報を集めることです。業界とは、世の中にある会社を事業内容によって分けた区分のことです。例えば、自動車業界、食品業界など、さまざまな業界があります。自分が興味のある業界で社員を募集《ぼしゅう》している会社を探し、一社一社、業績や働きやすさなどの情報を集め、自分が働きたい会社を選ぶのです。

業界や会社にかかわる情報は、インターネットの就職情報サイトや書籍《しょせき》、大学のキャリアセンターで調べることができます。

一般的《いっぱんてき》な採用選考の流れ

書類選考	「エントリーシート」と呼ばれる応募《おうぼ》用紙や履歴書《りれきしょ》などに必要事項《じこう》を記入し、入社を希望する会社に提出する。
SPI《エスピーアイ》試験	日ごろの行動や考え方に関する質問に答える「性格検査」と、言語分野（国語）と非言語分野（数学）の問題を解く「能力検査」がある。
グループワーク	何人かのグループに分かれて、決められたテーマについて議論や共同作業を行って、成果を発表する。その過程や成果物が評価の対象になる。
面接	その会社の社員と直接会って、対話をするなかで、その人の性格や意欲などが評価される。1次面接、2次面接など、面接は複数回行われる。

SPI《エスピーアイ》試験では、
中学1～2年レベルの
国語や数学の問題が出る。
今のうちにしっかり
勉強しておこう！
面接では、
学生のときがんばったこと、
その会社を志望した理由、
自己PR《ピーアール》などを
聞かれることが多い

書類選考のあと、筆記試験と面接を行うのが一般的《いっぱんてき》

会社の採用選考は一般的《いっぱんてき》に、「書類選考」「筆記試験」「面接」の順に行われます。それぞれの選考で合格した人のみが、次の段階に進むことができます。

試験や面接の内容は会社によってちがいますが、筆記試験については多くの会社がS《エス》P《ピー》I《アイ》試験という適性検査を行っています。その人の性格や基礎的《きそてき》な知的能力などを調べる簡単なテストです。面接では、面接官と対話する方法だけでなく、グループワークが行われることもあります。

そのほかに、「インターンシップ」を行う会社も増えています。これは、学生が実際に会社で仕事を体験したり、働く人から話を聞いたりできる機会を設ける制度です。最近では、通常の採用選考とは別に、インターンシップに参加した人から選考を行い、新入社員を採用する会社が増えています。

「支える仕事」に関係することを学ぶには?

経営やビジネスについて学べる学部

会社の経営に必要な知識を得る

経営学部

経営学部では、会社や組織をよりよく営むための方法について、多方面から学びます。人材（社員）の生かし方、お金・時間・情報の効率的な使い方や管理の仕方など、「支える仕事」にかかわることも多く学べます。

ビジネスに関することを幅広《はばひろ》く学ぶ

商学部

商学部は、ビジネスに関することを幅《はば》広《ひろ》く学ぶ学部です。例えば、ものを売るための仕組みやルール、ビジネスにかかわるお金の流れ、商品の開発や流通、市《し》場《じょう》や消費者のニーズをさぐる方法などを学びます。

ちなみに…

経済学部ってどんな学部?

経営学部と名前が似《に》ていますが、経済学部は、社会や国全体の経済活動について学ぶ学部です。理論やデータをもとに、個人や会社、地域、政府など社会のなかでのお金や商品の流れ、その問題点や改善点などを分析《ぶんせき》・研究します。

経営やビジネスについて幅広《はばひろ》く学べる学部がおすすめ

大学で、「支える仕事」に役立つ知識を学びたいという人は、経営やビジネスについて学べる学部を選ぶのがおすすめです。経営とは、事業を計画的に管理・運営し、会社などの組織を持続、発展させる営みのことをいいます。

経営やビジネスについて学べるのは、おもに経営学部や商学部です。これらの学部で学ぶことは重なる部分も多く、大学によっても学ぶ内容にちがいがあるので、具体的にどんなことが学べるか、調べたうえで進学先を決めるとよいでしょう。最近では、商学部、経営学部に似《に》た内容を学べる「ビジネス学部」のある大学も増えています。

「支える仕事」に役立つ大学の科目

経営管理論

会社などの組織を管理運営（マネジメント）する方法について研究する学問で、経営学の基礎《きそ》科目です。効率的な組織づくりや人材育成について考えます。

会計学

「簿記《ぼき》」と呼ばれる、日々のお金の動きや取引内容を記録・計算・整理する技術や、会計に関する書類の仕組みや役割、つくり方などを学びます。

経営戦略論

経営戦略とは、会社が目標達成のために方針や計画を立てることです。経営戦略に関する理論や考え方を学び、それらを活用できるようになることを目指します。

情報処理

インターネットの利用方法やセキュリティといった基礎《きそ》知識に加え、メール、文書作成、表計算、プレゼンテーションなどの基本的なアプリの使い方を身につけます。

統計学

調査によって得られたデータを集計・分《ぶん》析《せき》する学問です。自社の事業に関するデータを分析《ぶんせき》して戦略を立てるなど、経営のあらゆる面で活用することができます。

大学では、「支える仕事」に関係する授業が多数あります

経営学部、商学部で学べる科目には「支える仕事」に関係するものが多くあります。実務で役立つものとして代表的なのは、「会計学」です。また、ビジネスに必要なパソコンスキルの基礎《きそ》が学べる「情報処理」は、どの学部でもたいてい1年次の教養科目として設けられています。

「経営管理論」や「経営戦略論」といった科目では、会社の経営に関する知識や考え方を学ぶことができます。経営の大きな流れを知っておくことは「支える仕事」をするうえで大切です。

そのほかに、法学部では、会社の仕組みや活動に関するルールを学ぶ「会社法」、経済学部では、個人や会社の活動に着目して経済を読み解く「マクロ経済学」など、社会科学系の多くの学部で、「支える仕事」にかかわる科目を選ぶことができます。

「支える仕事」に向いているのはどんな人？

人の役に立ちたい

管理部門は他部門や経営者をサポートする仕事なので、人の役に立つことにやりがいを感じる人は、楽しく働けるでしょう。

物事を正確に効率よく処理できる

管理部門の仕事では、小さなミスが会社の損害につながってしまうことも。正確かつ、すばやく物事を処理できる人が求められます。

責任感が強い

重要なデータや情報をあつかうこともあるため、仕事に責任感をもち、秘密を守ることがだいじです。

スケジュール管理が得意

期限が決まっている仕事も多くあるため、優先順位をつけ、段どりよく業務を進められる人が適しています。

物事を正確に処理できる人。発想力・提案力などもだいじ

「支える仕事」は、所属する部署や働き方によって業務内容が大きくちがい、適性も異なります。

補助的な事務作業を中心に行う一般職《いっぱんしょく》（66ページ）には、物事を正確に効率よく処理できる能力が求められます。決められた仕事をミスなくスケジュール通りにこなすのが得意な人に向いているでしょう。

総合職（66ページ）には、それに加えて発想力や提案力も必要です。特に、会社の事業内容や経営方針について考える経営企画《けいえいきかく》の仕事には、情報を分析《ぶんせき》して新しいことを思いつく力、そしてそれを社内でプレゼンテーションする力が欠かせません。また、どの職種も会社の経営に関係する仕事なので、社内の情報や外部の環境《かんきょう》をとらえる情報収集力も重要です。世の中の動きを敏感《びんかん》にキャッチし、時代に合わせて学び続けることが求められます。

「支える仕事」に共通して言えるのは、ほかの人をサポートしたい、チーム全体の役に立ちたいという気持ちが根本にある人に適した仕事であるということです。その気持ちが、仕事への原動力になります。

働く人に聞いてみた！

専門性を高めるために学び続けられる人

経理職には、会計や税務などの専門的な知識が求められます。法律やルールが変更《へんこう》になることも多いので、新しい知識を身につけることはもちろん、実務のなかでのさまざまな経験から学び続ける姿勢も重要だと感じています。

（20代・経理職・男性）

人や会社のためにコツコツと仕事ができる人

管理部門の仕事の多くは、あまり目立つ仕事ではありません。わかりやすく目に見える形ではなくとも、自分の仕事がほかの人や会社の役に立つことに喜びを感じられる人、コツコツと仕事ができる人に向いていると思います。

（40代・法務職・女性）

発想力、提案力、情報収集力がある

ただ事務作業をこなすだけでなく、新しいことを発想し、それを提案する力や、会社の内外の情報をキャッチする情報収集力も必要です。

スムーズにコミュニケーションがとれる

社内のいろいろな人とかかわる機会が多い職種なので、コミュニケーション能力のある人のほうが向いています。

? 中学・高校でやっておくといいことはある？

社会

経済や商業についての基本的な知識は、将来、会社の経営について考えるときに役立ちます。

数学

物事を論理的に考えられるようになり、筋道を立てて、わかりやすく説明する力が身につきます。

情報

IT《アイティー》スキルはビジネスに必要不可欠。文書作成や表計算のアプリは多くの会社で使用します。

英語

英語で会話をしたり、英文を書いたりできれば、海外とやりとりするときに役立ちます。

部活動や趣味《しゅみ》の経験もふくめ、すべての学びが社会人の基本！

中学や高校の勉強は、社会人として働くにあたって求められる知識を身につけるために、最低限必要なものです。どの教科もまんべんなく学んでおきましょう。

そのうえで特に「支える仕事」に役立つ教科を挙げるとすれば、数学、社会、国語、英語などです。数学は、経理などお金をあつかう仕事で必要なだけでなく、物事を筋道を立てて考える「論理的思考力」を高めることにつながり、どの職種にも役立ちます。社会では、経済や商業などの基本的な仕組みを理解しておくと、会社の経営について学んだり考えたりするための土台となります。

ほかにも、パソコンやプログラミングの知

働く人に聞いてみた!

情報を正確に伝えるために、国語力が重要

管理部門の仕事では、会社の内外にわたす資料や書類など、文書を作成する機会が多くあります。その際には、だれにでも正確に理解してもらえるようなわかりやすい文章を書くことが大切。国語力が求められます。

（20代・人事職・女性）

どんな仕事も体が資本。運動習慣をつけておくこと

仕事を長く楽しく続けていくためには、健康な体が土台となります。習慣的に運動をしていると体力がつきますし、気分転換《てんかん》にもなります。部活動などを通して、体を動かすことを習慣づけておくとよいと思います。

（30代・総務職・男性）

国語

どんな仕事も、言葉によるコミュニケーションが基本。書類やメールなど、わかりやすい文章で情報を伝えるためにも必要です。

課外活動

部活動で仲間と協力した経験や、趣《しゅ》味《み》や習いごとに打ちこんだ経験は、人としての魅力《みりょく》を高めます。

識やスキルは、社会に出て働くときに必ず必要になります。情報の授業を通して、基礎《きそ》を身につけておきましょう。

　勉強だけではなく、部活動や委員会活動などの課外活動での経験もだいじです。同じ目標に向かって仲間と協力したり、努力を続けたりする経験は、協調性、表現力、忍耐《にんたい》力《りょく》など、さまざまな力を養ってくれます。学校外で趣味《しゅみ》や習いごとに打ちこむのもよいでしょう。

？「支える仕事」で働く人って、どのくらいいるの？

会社員の職種別割合

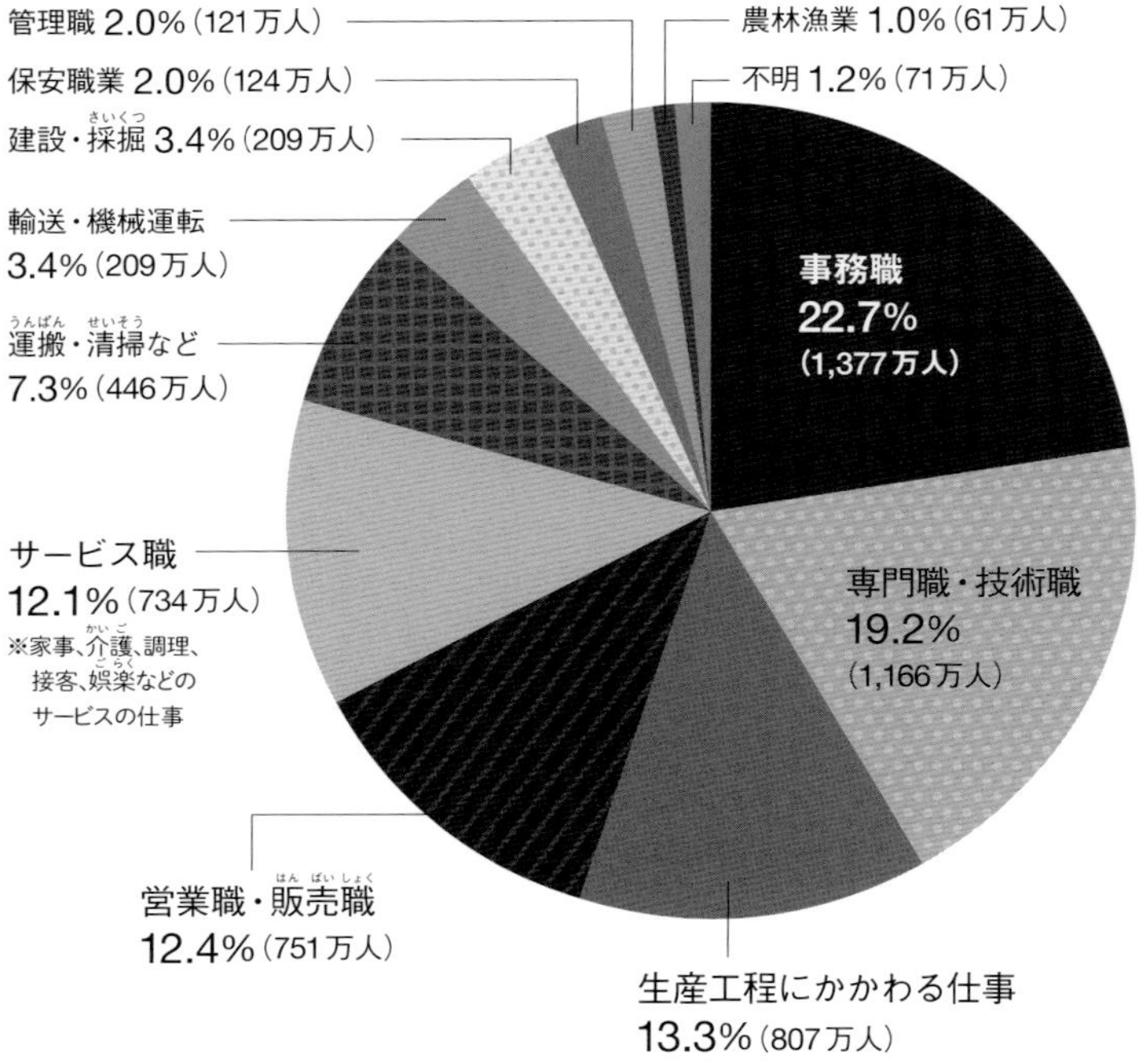
管理職 2.0%（121万人）
農林漁業 1.0%（61万人）
保安職業 2.0%（124万人）
不明 1.2%（71万人）
建設・採掘《さいくつ》 3.4%（209万人）
輸送・機械運転
3.4%（209万人）
事務職
22.7%
（1,377万人）
運搬《うんぱん》・清掃《せいそう》など
7.3%（446万人）
サービス職
12.1%（734万人）
※家事、介護《かいご》、調理、
接客、娯楽《ごらく》などの
サービスの仕事
専門職・技術職
19.2%
（1,166万人）
営業職・販売職《はんばいしょく》
12.4%（751万人）
生産工程にかかわる仕事
13.3%（807万人）

厚生労働省「2023年労働力調査」（2024年）をもとに作成

「支える仕事」で働く会社員は非正規もふくめ1377万人

厚生労働省《こうせいろうどうしょう》の「労働力調査」によると、会社に勤めて働く人は、全国で6076万人います（2023年現在）。そのうち、「支える仕事」にあたる事務職の人数は1377万人で、およそ23%にのぼります。ここには、正社員として働く人だけでなく、契約《けいやく》社員、パートやアルバイト、派遣《はけん》社員といった非正規雇用《こよう》（66ページ）の形で働く人もふくまれています。その人数は416万人で、事務職の30%をしめています。

同じ調査で、事務職で働く人の学歴を見ると、約40%が大学卒業、約30%が中学または高校卒業、約20%が短期大学や専門学校などを卒業となっています。

「支える仕事」で働く人の男女別・年齢別《ねんれいべつ》割合

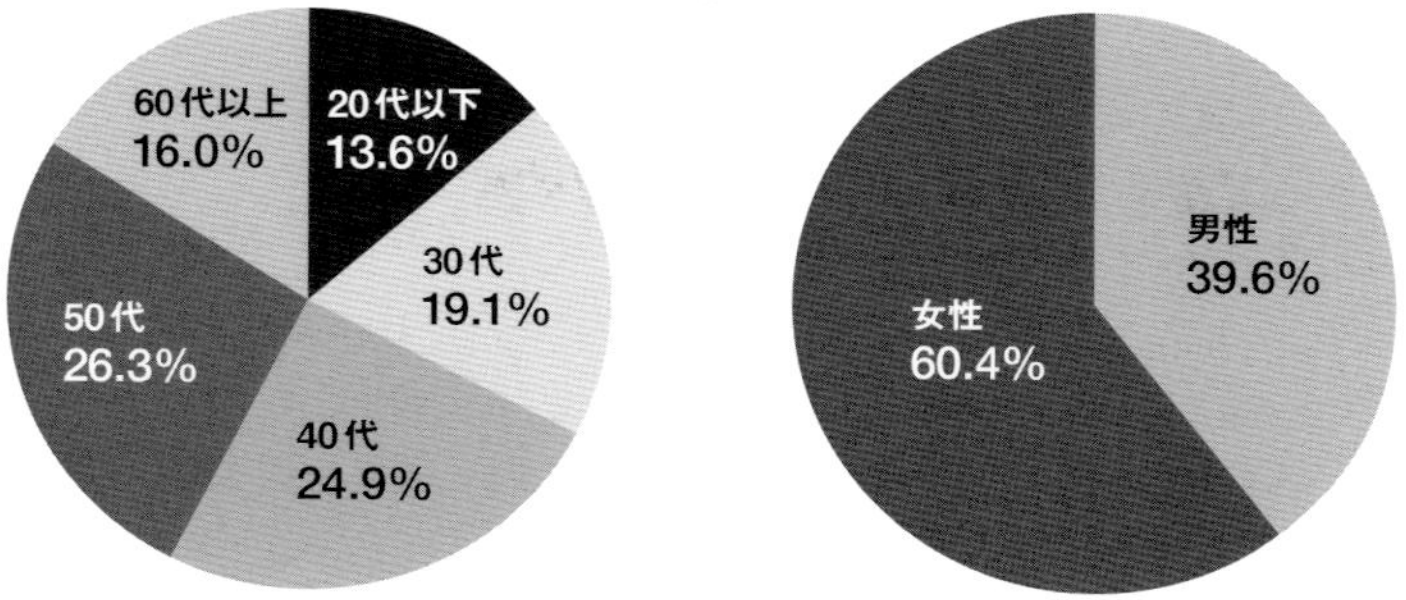

厚生労働省「2023年労働力調査」（2024年）をもとに作成

「支える仕事」で働く人の非正規雇用《こよう》の割合

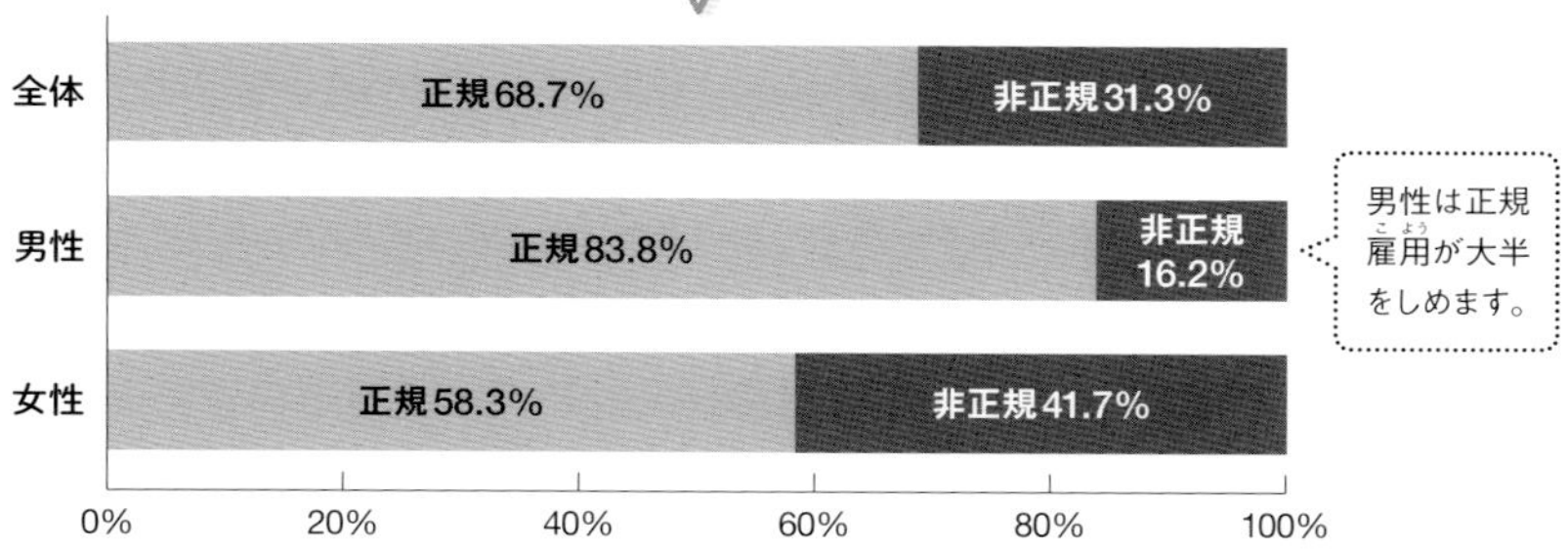

厚生労働省「2023年労働力調査」（2024年）をもとに作成

女性の割合が高めですが、総合職では男性が多い傾向《けいこう》

「労働力調査」をもとに、働いている人の男女別の割合を見てみましょう。「支える仕事」全体では、女性が60％をしめています。これは、事務系の一般職《いっぱんしょく》（66ページ）として働く女性が多いためと考えられます。実際に働く人の傾向《けいこう》を見ると、管理部門の総合職（66ページ）では、女性も活躍《かつやく》しているものの、男性のほうが人数は多いのが現実です。

年齢別《ねんれいべつ》の割合を見ると、ほかの年代と比べて40代と50代がやや多く、それらの世代が全体の半分以上をしめています。「支える仕事」はデスクワークが中心で、体力的には年《ねん》齢《れい》を重ねても続けやすい仕事です。会社の経営にかかわる重要な情報をあつかうこともある仕事なので、責任をもって長く働き続けることが望まれます。経験を積むことで能力が上がり、より責任ある仕事を任されるようになっていきます。

「支える仕事」の部署ごとの役割は？

働く部署や会社の規模によって仕事内容は異なります

「支える仕事」の仕事内容は、働く部署や部門によってさまざまです。部署の名前が同じでも、会社によって業務の範囲《はんい》が異なる場合もあります。

一般的《いっぱんてき》に、大きな会社は事業規模が大きく、管理部門で働く人も多いため、部署が細かく分かれています。担当する業務の範囲《はんい》はせまくなり、その分、高度な専門性が求められます。一方、中小企業《きぎょう》では一つの部署が幅《はば》広《ひろ》い業務をになうケースが多くなります。

とはいっても、部署ごとの大まかな役割はどこの会社でも共通しています。次のページからは、それぞれの部署がどんな「支える仕事」を担当しているのか見てみましょう。

会社の大きさと「支える仕事」

大きな会社では…

部署が細かく分かれている

事業規模が大きく、管理部門で働く人も多いため、部署が細分化されることが多いです。

専門性が求められる

所属する部署の業務のプロフェッショナルとして、専門性の高い業務にあたります。

中小企業《きぎょう》では…

部署の種類は限られる

人員も予算も少ないので、置かれる部署は限られ、業務の一部を外部に任せる場合もあります。

幅《はば》広《ひろ》い業務をになう

総務部が人事や情報システムの仕事をかねるなど、一つの部署がになう業務が幅《はば》広《ひろ》くなります。

経営《けいえい》企画《きかく》

社長を補佐し、経営に直接かかわる会社運営のブレーン!

会社としての目標を実現するために、戦略や方針を立てる部署です。会社が手がける事業について、市場《しじょう》の動向やライバル会社を調査したり、自社のデータを分析《ぶんせき》したりして、関連する情報を整理し、その内容を目標の設定に役立てます。

目標達成に向けて具体的に行うべきことがらを整理し、経営計画を立てるのも、経営企《けいえいき》画《かく》の仕事です。さらに、各部門に指示を出して、経営計画がきちんと実施《じっし》されるよう管理していきます。

社長を補佐し、会社を運営する実務にたずさわるため、社内の優秀な人材が配置されることが多い部署です。

経理

会社のお金の流れを管理して、経営状況《じょうきょう》を分析《ぶんせき》

経理の仕事は、会社のお金の流れを管理することです。日々の仕事としては、請求書《せいきゅうしょ》や伝票の整理、経費の精算、帳簿《ちょうぼ》の作成などがありますが、その目的は、売上や仕入れを正確に把握《はあく》して決算書にまとめ、お金の流れの全体像から会社の経営状況《じょうきょう》を分析《ぶんせき》し、今後の業績の予測を立てることです。

経理部門のなかには、「財務」という仕事もあります。財務は、お金の流れから把握《はあく》した会社の状況《じょうきょう》をふまえて、資金計画（これから先の収入と支出の計画）を立てたり、管理したりします。

経理は、重要な経営資源であるお金を管理する、大きな責任をともなう仕事です。

人事

人材の採用や育成、管理をにない、会社の組織づくりに貢献《こうけん》

会社の人材に関する業務を担当し、会社の組織づくりに貢献《こうけん》する部署です。採用や研修を行うほか、評価や報酬《ほうしゅう》の制度を整えたり、異動や昇格《しょうかく》に関する業務を行ったりと、社員の働き方にかかわるさまざまな業務を行っています。経営方針をくんで、どのような人材を採用するか、どの部署に配置するかといった人事戦略を立てるのも重要な仕事です。

また、労務管理といって、勤務時間や休暇《きゅうか》の管理、会社と社員の関係の調整、福利厚生《こうせい》に関する業務など、社員の働く環境《かんきょう》を整えることも人事の仕事の一つですが、労務管理を専門に担当する「労務」という部署を別に設ける会社もあります。

広報

事業の宣伝や活動報告などを行い、自社の情報を内外へ発信!

自社の商品やサービスの広告宣伝、活動報告、社内報の作成などを通して、会社の内外に情報を発信するのがおもな業務です。取引先やお客さまをはじめ、世の中によいイメージをもってもらい、各方面と良好な関係を築くことを目的としています。

広く自社について知ってもらうためには、新聞や雑誌、テレビ、インターネットなどのメディアに向けた情報発信が欠かせません。新商品の発売や自社の新しいとり組みについて、ニュースリリースを出して知らせたり、メディアからの取材に対応したりします。最近は多くの会社が広報活動にSNS《エスエヌエス》や動画サイトも活用しています。

情報システム

システムの開発や運用など、社内のIT《アイティー》環境《かんきょう》の整備を担当

社内のIT《アイティー》環境《かんきょう》を整える部署です。業務システムの開発や運用、パソコンやサーバーといったIT《アイティー》機器の保守・管理などを行うほか、社内のさまざまな課題に対して、IT《アイティー》を活用した解決策を提案することもあります。社員やお客さまに対する技術サポートや、セキュリティ対策にもたずさわります。

法務

法的知識をもとに法律に関するあらゆる問題に対応

会社の活動に関連して発生する、法律にかかわる業務をになう部署です。具体的には、契約書《けいやくしょ》や取引内容のチェック、外部とのトラブル対応などを行います。

法務部門のなかには、自社の独自技術やアイデアについて、その権利を管理・活用する「知財管理」という仕事もあります。

総務

ほかの管理部門が担当しない業務全般《ぜんぱん》をにないます

他部門が行わない業務をすべてになう部署で、会社によって担当範囲《はんい》が異なります。おもな仕事は、社内環境《かんきょう》の整備、設備や備品の管理、社内行事の企画《きかく》・運営などです。

株式会社では、株主総会（※）の運営も行います。株主や投資家との関係を担当する「IR《アイアール》」という部署を置く会社もあります。

※株主総会：会社の所有者である株主（その会社に出資している人）が集まって、会社に関する重要なことがらを決める会議。

会社員にもいろいろな働き方があるの？

会社との契約《けいやく》

正規雇用《こよう》	働く期間が決められていない雇用契約《こようけいやく》のことで、一般的《いっぱんてき》に「正社員」といわれる働き方です。
非正規雇用《こよう》	おもに期間を定めて働く雇用契約《こようけいやく》。契約《けいやく》社員、アルバイトやパート、派遣《はけん》社員がこれにあたります。

採用時の区分

総合職	将来、管理職や経営にかかわる役職に就《つ》く候補として採用され、幅広《はばひろ》い業務を担当します。部署の変更《へんこう》や転勤の可能性もあります。また、業績によって昇格《しょうかく》も早いです。
エリア総合職	総合職と同じように幅広《はばひろ》い業務を担当しますが、働く地域は限定されていて、基本的に遠い地域への転勤はありません。
一般職《いっぱんしょく》	総合職を補助する立場で業務にあたります。異動や転勤もほぼないので、1か所で同じ業務を長く担当することが多いです。

会社との契約《けいやく》や採用区分で働き方は変わります

経理職や人事職などの職種が同じでも、その働き方はさまざまです。まず、勤め先の会社と結ぶ契約《けいやく》（雇用契約《こようけいやく》）には大きく2つの種類があります。いわゆる正社員として働く「正規雇用《こよう》」と、パートのように期間を定めて働く「非正規雇用《こよう》」です。

また、業務内容によって、「総合職」「一般《いっぱん》職《しょく》」という区分を設けている会社も多くあります。総合職が責任のある立場で幅広《はばひろ》い業務を担当するのに対して、一般職《いっぱんしょく》は事務作業や総合職のサポートなど、仕事内容が限られます。働き方の区分は、採用時に決められることが多いですが、入社後、試験や面接などを受けて、変更《へんこう》できる会社もあります。

あなたの理想の働き方は?

家庭や趣味《しゅみ》を優先

なるべく残業はせず、家族と過ごす時間や趣味《しゅみ》を楽しむ時間をつくる。そのために、転勤や昇進《しょうしん》を望まない人もいる。

仕事中心にバリバリ働く

会社の売上に貢献《こうけん》し、自分の能力を高めるため、プライベートよりも仕事を優先。必要に応じて残業や休日出勤もする。

仕事とプライベートを両立

家庭や趣味《しゅみ》の用事で会社を休むこともあるが、仕事の状況《じょうきょう》によっては残業もするなど、仕事の時間もプライベートの時間も大切にする働き方。

「若いころはバリバリ働いて、結婚《けっこん》後は家庭を優先する」「大きな会社でさまざまな仕事を経験してから、自分に合った仕事を選ぶ」など、年《ねん》齢《れい》やキャリアによって働き方を変える人も多い。

仕事に重点を置くか、プライベートを大切にするか

自立して働くうえでは、「仕事と生活の調和（ワーク・ライフ・バランス）」を考えることも重要です。やりがいのある仕事をすると同時に、友人・家族との時間や趣味《しゅみ》の時間を楽しんだり、心身を休めたりすることも、健康で豊かな生活のためには大切だからです。

ただ、理想のワーク・ライフ・バランスは人によってちがいます。「仕事中心の生活をしたい」という人もいれば、「プライベートの時間を優先させたい」という人もいます。自分の理想とする働き方を考えたうえで、就職先や職種を選ぶとよいでしょう。

会社や業界によっては、どうしても残業が多くなったり、夜勤があって時間が不規則になったりする仕事もあります。就職情報サイトや会社説明会などで実際に働いている人の話を聞いて、自分に合った働き方ができそうな会社を探してみましょう。

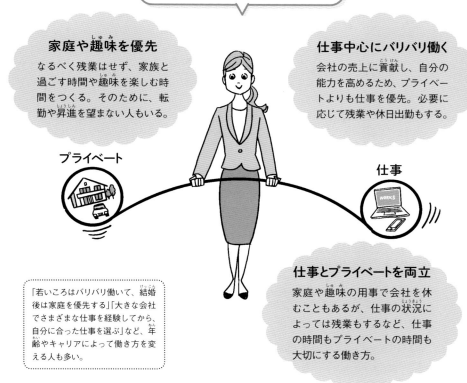

「支える仕事」でキャリアアップするには?

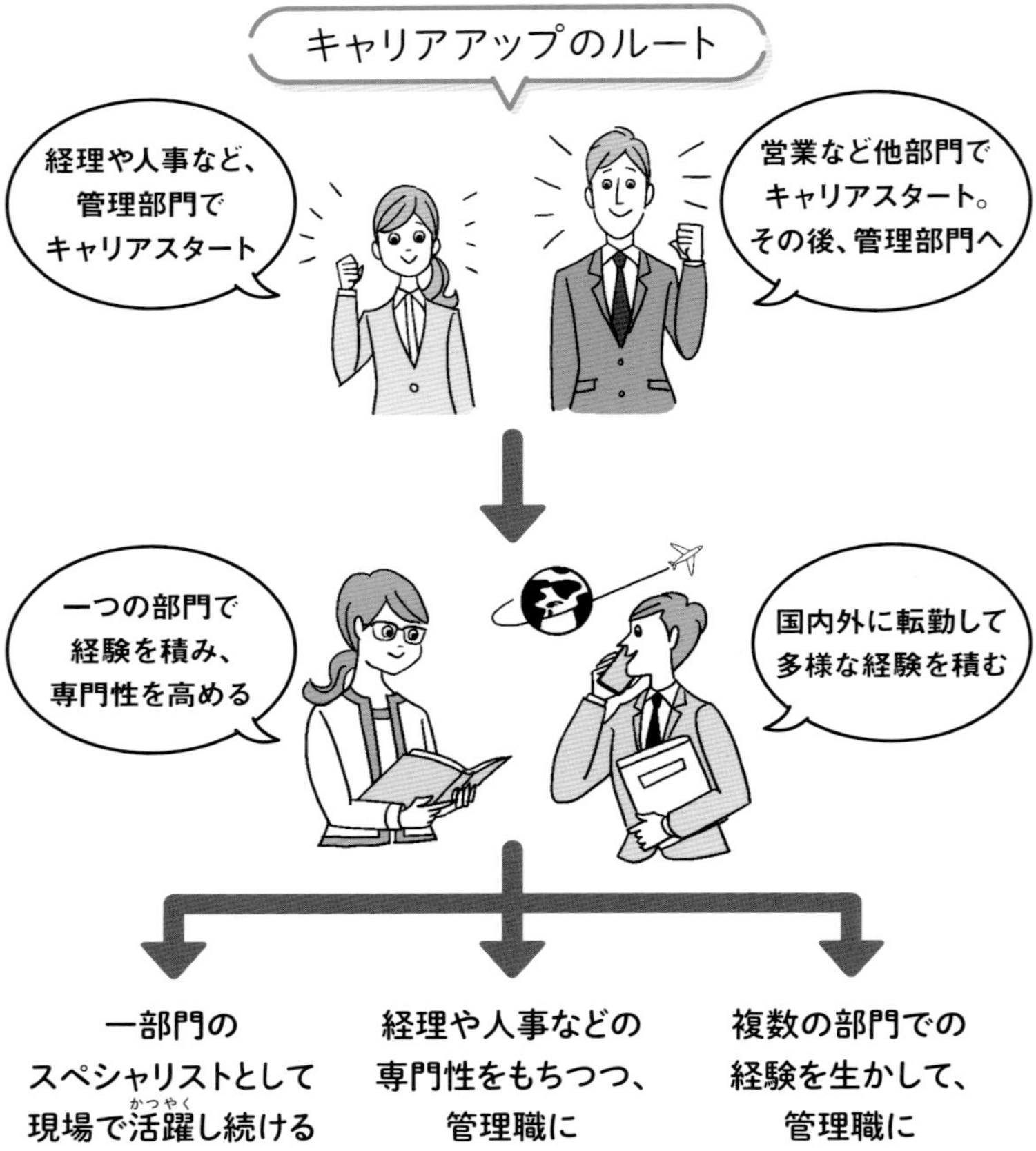
キャリアアップのルート
経理や人事など、管理部門でキャリアスタート
営業など他部門でキャリアスタート。その後、管理部門へ
一つの部門で経験を積み、専門性を高める
国内外に転勤して多様な経験を積む
一部門のスペシャリストとして現場で活躍《かつやく》し続ける
経理や人事などの専門性をもちつつ、管理職に
複数の部門での経験を生かして、管理職に

管理部門の総合職は、将来、役員になれる可能性も

「支える仕事」でキャリアアップを望むなら、事務系総合職か、職種別採用で管理部門の総合職として採用される必要があります。一般職《いっぱんしょく》は、異動や転勤がなく安定的に働けますが、キャリアアップはあまり望めません。

事務系総合職の場合は、他部門からスタートし、のちに管理部門に配属されるか、最初から管理部門に配属されます。一つの部門でキャリアを重ねるケースと、異動や転勤をくり返して多様な経験を積むケースがあります。一方、職種別採用の場合は、同じ部門で専門性を高めていくのが一般的《いっぱんてき》です。

いずれのケースでも、管理部門の総合職は役員クラスまで昇格《しょうかく》している人がいます。

部署別の役立つ資格の例

経理 → **日商簿記《ぼき》検定試験**
商工会議所が主催《しゅさい》する簿記《ぼき》の検定試験。初級から1級まであるが、2級レベルで十分業務に役立つ。

FASS《ファス》検定
経済産業省が開発した基準をベースにした、経理や財務のスキルに関する検定試験。日本CFO《シーエフオー》協会が実施《じっし》する。

人事 → **社会保険労務士**
人材に関する専門家として、労働や社会保険にかかわる手続きや相談・指導を行うことができる国家資格。

広報 → **PR《ピーアール》プランナー**
公益社団法人日本パブリックリレーションズ協会が設立した資格制度で、広報やPR《ピーアール》の知識やスキルを認定《にんてい》する。

情報システム → **情報処理技術者試験**
経済産業省が認定《にんてい》する国家試験。IT《アイティー》に関する知識や技能が一定以上の水準であることを示すもので、レベルや専門とする分野によって13の試験区分がある。

業務に役立つ専門の資格を取得してスキルアップ!

仕事の能力を高める方法の一つに、資格取得があります。「支える仕事」ではパソコンを使う業務が多いので、パソコンスキルに関する資格は役に立ちます。例えば、Word《ワード》やExcel《エクセル》などのソフトを利用する能力を認定《にんてい》する世界共通の資格「マイクロソフト・オフィス・スペシャリスト(MOS《モス》)」、商工会議所が主催《しゅさい》する「日商PC《ピーシー》検定」などです。

業務に関する専門の資格としては、経理なら日商簿記《ぼき》検定試験やFASS《ファス》検定、人事なら社会保険労務士、広報ならPR《ピーアール》プランナー、情報システムなら情報処理技術者試験などがあります。

さらに専門性の高い資格として、経理では税理士や公認会計士《こうにんかいけいし》、法務では弁護士を取得していると、貴重な人材として高い評価を受けます。在職中に勉強して、これらの資格をとる人もいます。

? 収入はどのくらい？就職はしやすいの？

年収を比べてみると…

厚生労働省《こうせいろうどうしょう》「賃金構造基本統計調査」による年収の目安

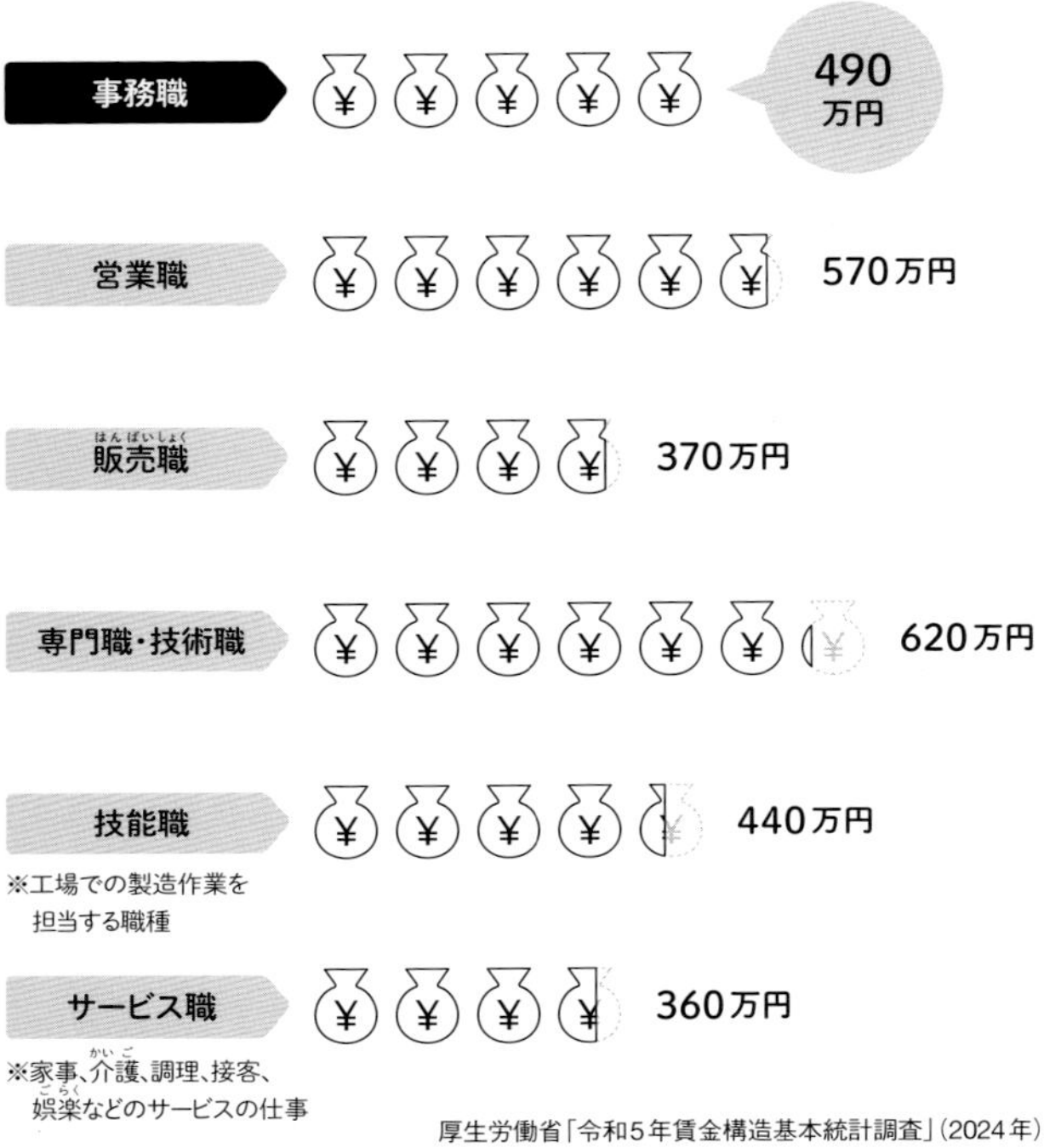

事務職
490万円
営業職
570万円
販売職《はんばいしょく》
370万円
専門職・技術職
620万円
技能職
440万円
※工場での製造作業を担当する職種
サービス職
360万円
※家事、介護《かいご》、調理、接客、娯楽《ごらく》などのサービスの仕事

厚生労働省「令和5年賃金構造基本統計調査」（2024年）をもとに作成

「支える仕事」にあたる事務職の平均年収は４９０万円

会社員の収入は、勤務先の業種や規模、仕事内容、役職などによって、大きな幅《はば》があります。「支える仕事」についても同じです。

一つの目安として、厚生労働省《こうせいろうどうしょう》の「賃金構造基本統計調査」をもとに計算すると、「支える仕事」にあたる「事務職」の平均年収は約４９０万円。日本人の平均年収４５８万円をやや上回る程度です。この金額は非正規雇用《こよう》もふくめた平均なので、正規雇用《こよう》の人の平均年収はもっと高いと推測されます。

同じ事務職でも、男性の平均年収は６００万円、女性は４１０万円と、男女で大きな差があります。一般職《いっぱんしょく》や非正規雇用《こよう》で働く女性が多いことが理由と考えられます。

就職のしやすさを比べてみると…

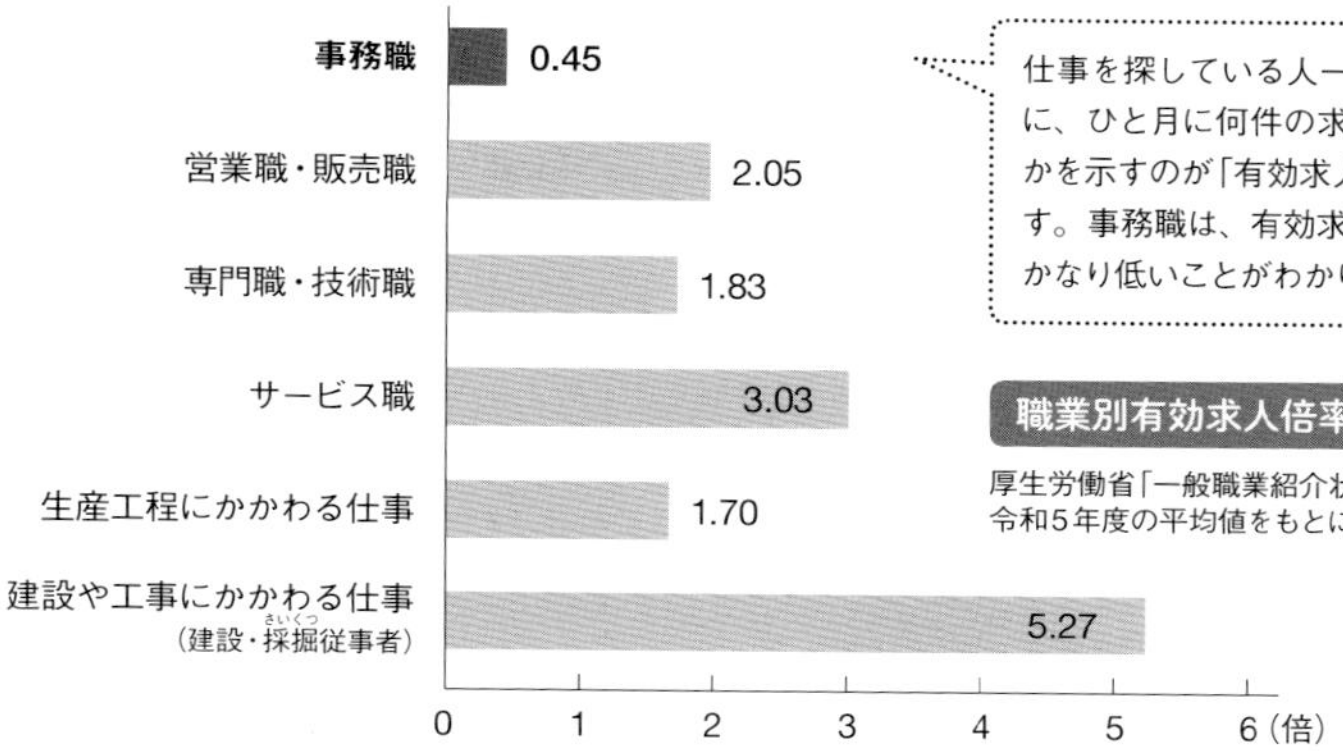

仕事を探している人一人あたりに、ひと月に何件の求人があるかを示すのが「有効求人倍率」です。事務職は、有効求人倍率がかなり低いことがわかります。

職業別有効求人倍率

厚生労働省「一般職業紹介状況」（2024年）より、令和5年度の平均値をもとに作成

有効求人倍率の変化　厚生労働省「一般職業紹介状況」（2023年・2024年）をもとに作成

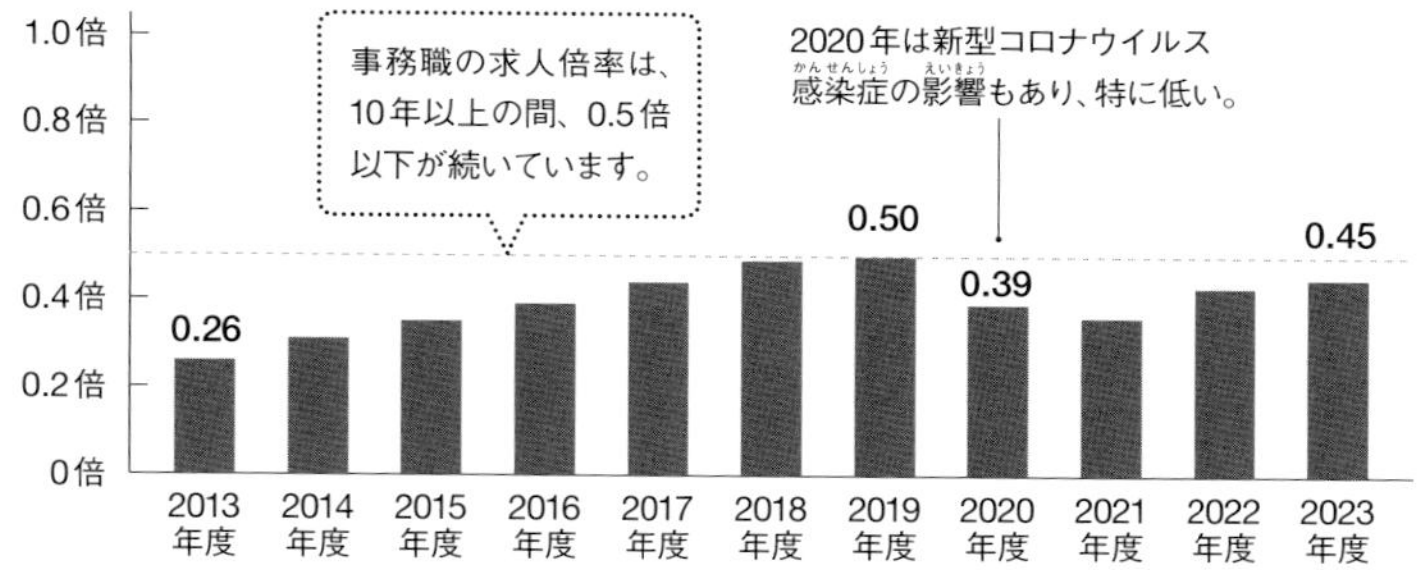

求人が少ない職種なので、就職に向けての準備が大切

どんな職業でも一般的《いっぱんてき》に、経験を重ねてスキルが向上すると、収入は増えていきます。そのため、年齢《ねんれい》が高いほど収入も多いという傾向《けいこう》があります。また、どの職種でも、昇進《しょうしん》して管理職に就《つ》くと収入が増えます。管理職の候補として働く総合職のほうが、将来的な収入アップが見こめるでしょう。

就職に関していうと、事務職は求人が少ない職種です。IT《アイティー》技術の発達で業務の効率化が進み、特に一般職《いっぱんしょく》として働く人の数は減り続ける見こみです。また、一般職《いっぱんしょく》の仕事については、正社員ではなく契約《けいやく》社員や派遣《はけん》社員に置きかえる傾向《けいこう》が高まっています。

将来、「支える仕事」で働きたいのであれば、どんな部署でどんな仕事がしたいのかを具体的に考え、就職活動でアピールできる自分の強みや体験について整理しておくことがだいじです。

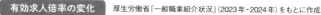

「支える仕事」は、これからどうなっていく？

機械やAI《エーアイ》が代わりにできることって…？

得意
- ルールに従って正確にすばやく情報を処理できる
- つかれないので長時間働き続けられる

苦手
- ゼロから新しいものを生み出す
- 自由な発想で改革案を考える
- 共感するなど、相手の気持ちに寄りそう

↓

機械やAI《エーアイ》にできること
- 数字やデータの入力
- ルールにもとづく計算や分類
- 単純な機械の操作
- 機械の動作などの監視《かんし》

人間でないと難しいこと
- 経営に関する判断
- AIを組みこんだ解決策の立案
- 新たな価値の創造
- 予期せぬトラブルへの対応

なくなる業務がある一方で、新たな業務も生まれています

デジタル化やAI《エーアイ》技術の活用が進むなかで、将来的にはなくなる職業もあるといわれています。「支える仕事」はどうでしょうか。

入力や仕分けといった規則性のある単純な業務は、機械やAI《エーアイ》が得意とする分野です。人の作業によるミスがなくなり、経費を減らせるというメリットもあります。今後はさらに自動化が進み、一般職《いっぱんしょく》として働く人はますます減っていくと予想されます。

なくなっていく業務がある一方で、新しい技術をどのように事業に組みこんでいくかを考えるという、新たな業務が生まれています。管理部門には、経営的な視点から業務効率化を進めていくことが求められます。

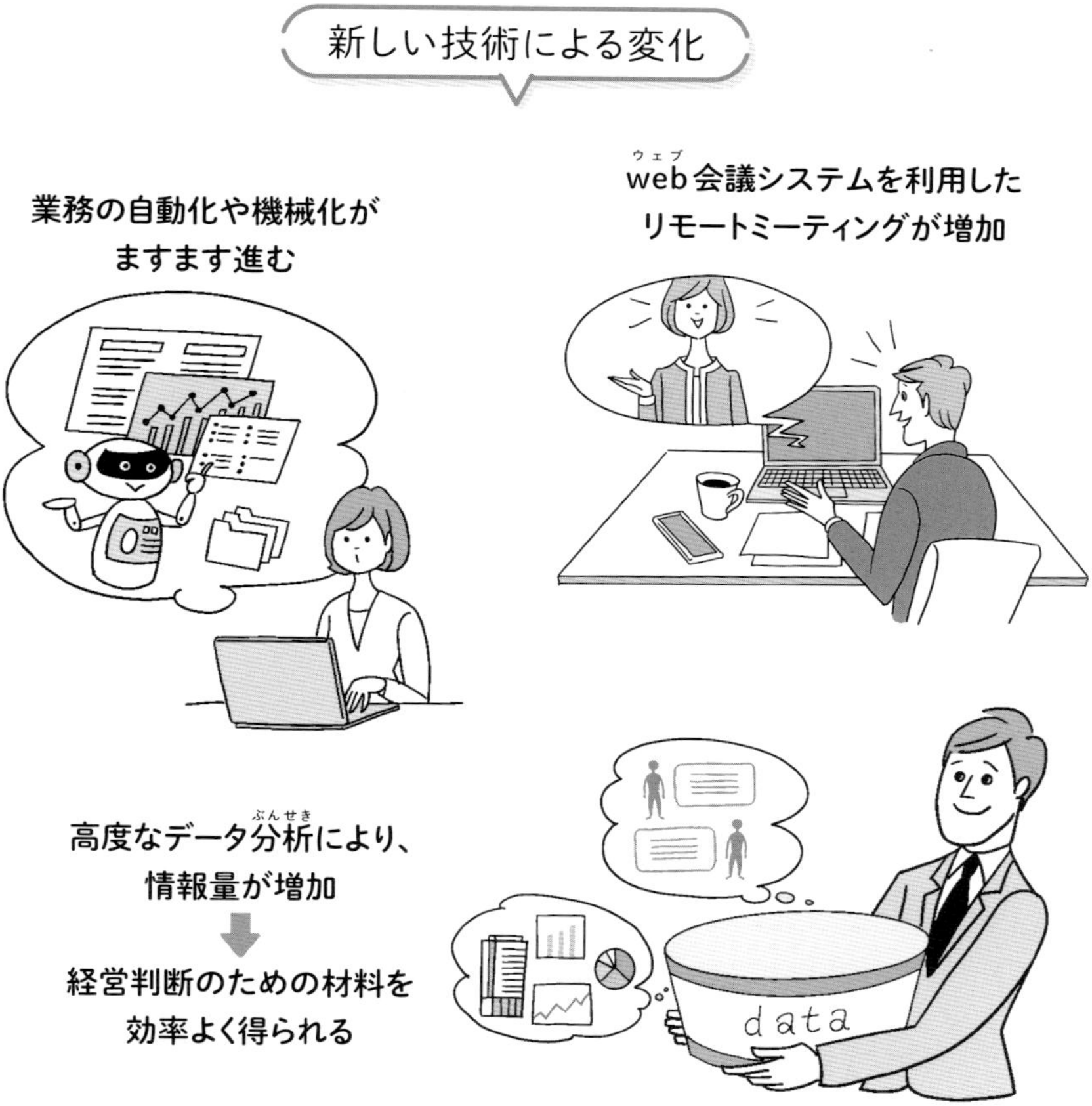
新しい技術による変化
業務の自動化や機械化が
ますます進む
web《ウェブ》会議システムを利用した
リモートミーティングが増加
高度なデータ分析《ぶんせき》により、
情報量が増加
経営判断のための材料を
効率よく得られる
data

技術革新の影響《えいきょう》を受けて働き方にさまざまな変化が

テクノロジーの発達にともなって、あらゆる職種において、働き方に変化が生じてきています。自動化や機械化による業務の効率化は、これからも進んでいくでしょう。伝票整理や経費精算の自動化、AI《エーアイ》による文書や契約書《けいやくしょ》のチェックなどがその例です。web《ウェブ》会議システムを使ったリモートミーティングが増えていることも、業務の効率化につながっています。

また、デジタル技術で膨大《ぼうだい》なデータを分析《ぶんせき》できるようになり、得られる情報量が爆発的《ばくはつてき》に増えています。これにより、「支える仕事」では、経営判断のための材料を効率よく得ることができるようになります。デジタル技術は、経営判断にも役立てられるのです。

新しい技術を経営に生かし、会社の発展につなげていくことも、「支える仕事」の重要な役割の一つとなるでしょう。

？「支える仕事」の職場体験って、できる？

鉄鋼会社での職場体験（例）

話を聞く

最初に、この会社がどんな会社で、どんな仕事を行っているかを説明してもらいます。

経理の仕事を体験

実際にパソコンを操作して、システム内で伝票を処理する作業を体験しました。

人事の仕事を体験

社員の出退勤などを確認《かくにん》して、パソコンに入力し、システム内で処理していく業務を実際に行いました。

写真提供：POSCO Japan PC株式会社

どんな会社にも、「支える仕事」があります

経理や人事といった「支える仕事」は、どこの会社にもある仕事。職場体験の行き先が会社であれば、そこには必ず「支える仕事」をしている人がいます。しかし、「支える仕事」にあたる管理部門の仕事では、社外には出せない重要な情報をあつかうこともあるため、仕事自体を体験させてもらえる機会は少ないかもしれません。

職場体験で対応してくれる部署は、広報や総務といった管理部門であることが多いはずです。学校の先生を通して、管理部門の仕事に興味があるということを伝えておけば、話を聞く機会を設けてもらえる可能性もあるでしょう。

職場体験の心がまえ

ありがとうございます!
おはようございます!

身だしなみを整え、態度や話し方はていねいに

学校や受け入れ先から指定された服装で、だらしなく見えないように身だしなみを整えます。態度や話し方も、いつもよりていねいさを心がけましょう。

大きな声でしっかりとあいさつしよう!

あいさつはマナーの基本。朝や帰りのあいさつ、お礼など、相手に聞こえるように大きな声でしっかりと伝えましょう。返事も「はい!」と元気よく。

わからないことや知りたいことは積極的に質問

受け入れ先のみなさんは、いそがしいなか、職場体験のために時間をとってくれています。せっかくのチャンスなので、積極的に質問して、多くのことを学んでください。

職場体験そのものが将来の仕事に役立つ経験

「支える仕事」には、経理のように社内での業務が中心で、外部の人と接する機会があまりない職種もありますが、広報、法務など、会社の顔として人と接する機会が多い職種もあります。いずれにしても、社会人として働く以上、基本的なビジネスマナーを身につけておくことが必要です。

　職場体験は、将来仕事をするときに求められるビジネスマナーの基礎《きそ》を身につける機会でもあります。大きな声でしっかりあいさつをする、身だしなみを整える、ていねいな態度や話し方を心がけるなど、基本的なことをしっかり実践《じっせん》しましょう。

　職場体験以外でも、家族や親戚《しんせき》など、身近に「支える仕事」にたずさわっている人がいれば、ぜひ話を聞いてみましょう。現役で働いている人と話をすることで、見えてくることがたくさんあるはずです。

索引

あ

か

さ

●取材協力（掲載順・敬称略）
三菱商事株式会社
京王電鉄株式会社
東京ガス株式会社
日本ゼオン株式会社
日本テレビ放送網株式会社
PayPay株式会社
富士フイルムイメージングシステムズ株式会社
POSCO Japan PC株式会社

●アンケート調査協力
学校法人 明星学苑　明星中学校

監修／西山《にしやま》 昭彦《あきひこ》

立命館大学客員教授、明星大学特別顧問・客員教授。博士（経営学）。一橋大学社会学部卒業後、東京ガス株式会社入社。ロンドン大学大学院留学、ハーバード大学大学院修士課程修了。法政大学大学院博士後期課程修了。法政大学客員教授、東京ガス都市生活研究所長、一橋大学特任教授、三菱商事株式会社社外取締役、立命館大学教授を経て 2023年 4 月より現職。ビジネスパーソンの生涯キャリア研究をメインテーマとし、著書は 64 冊におよぶ。

編著／ WILL《ウィル》 こども知育研究所《ちいくけんきゅうじょ》

子ども向けの知育教材・書籍の企画・開発・編集を行う。2002年よりアフガニスタン難民の教育支援活動に参加、2011年 3月11日の東日本大震災後は、被災保育所の支援活動を継続的に行っている。主な編著に『医療・福祉の仕事 見る知るシリーズ』、『暮らしを支える仕事 見る知るシリーズ』、『？(ギモン)を！(かいけつ) くすりの教室』全 3 巻、『からだのキセキ・のびのび探求シリーズ』全 3 巻、『はじめて学ぶ精神疾患』全 4 巻（いずれも保育社）など。

会社員《かいしゃいん》の仕事《しごと》 見《み》る知《し》るシリーズ
支《ささ》える仕事《しごと》の一日《いちにち》－経営《けいえい》企画《きかく》・経理《けいり》・人事《じんじ》・広報《こうほう》

2024年11月20日発行　第 1 版第 1 刷©

監　修　西山《にしやま》 昭彦《あきひこ》
編　著　WILL《ウィル》 こども知育研究所《ちいくけんきゅうじょ》
発行者　長谷川 翔
発行所　株式会社保育社
〒532-0003
大阪市淀川区宮原 3－4－30
ニッセイ新大阪ビル16F
TEL 06-6398-5151
FAX 06-6398-5157
https://www.hoikusha.co.jp/
企画制作　株式会社メディカ出版
TEL 06-6398-5048（編集）
https://www.medica.co.jp/
編集担当　中島亜衣／二畠令子
編集協力　株式会社ウィル
執筆協力　小川由希子／清水理絵
装　幀　大藪胤美／岩瀬恭子（フレーズ）
写　真　田辺エリ
横田裕美子（STUDIO BANBAN）
イラスト　青山京子（本文）
スリーペンズ 川上ちまき（カバー）
印刷・製本　株式会社精興社

本書の内容を無断で複製・複写・放送・データ配信などをすることは、著作権法上の例外をのぞき、著作権侵害になります。

ISBN978-4-586-08689-4　　Printed and bound in Japan

乱丁・落丁がありましたら、お取り替えいたします。